너와 나의 도덕성을 깨우는

공공성
인문학

이 저서는 2016년 대한민국 교육부와 한국연구재단의 지원을 받아 수행된 연구임.
(NRF-2016S1A4A01017430)
This work was supported by the Ministry of Education of the Republic of Korea and the National
Research Foundation of Korea.(NRF-2016S1A4A01017430)

너와 나의 도덕성을 깨우는
공공성
인문학

펴낸날 | 2020년 4월 20일

지은이 | 성현창

편집 | 김지환
디자인 | 석화린
마케팅 | 홍석근

펴낸곳 | 도서출판 평사리 Common Life Books
출판신고 | 제313-2004-172 (2004년 7월 1일)
주 소 | 경기도 고양시 덕양구 중앙로558번길 16-16. 7층
전 화 | 02-706-1970 팩 스 | 02-706-1971
전자우편 | commonlifebooks@gmail.com

ISBN 979-11-6023-260-8 (03100)

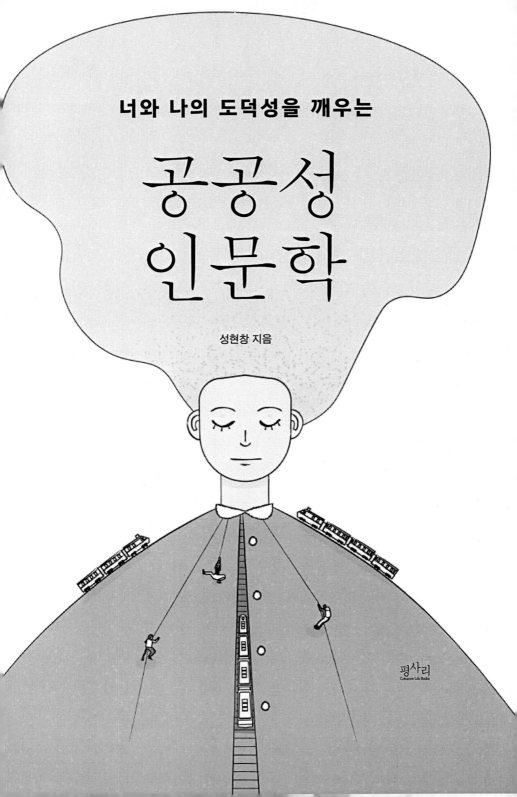

너와 나의 도덕성을 깨우는

공공성
인문학

성현창 지음

평사리
Common Life Books

차 례

프롤로그   8

1장 인문학이란
인간의 영혼을 계몽하는 파이데이아paideia   24
철학: 완전함에 이르는 열정   43

2장 지혜
나의 존재를 밝히는 생각이란 무엇일까?   53
생각하다와 생각나다   54
생각의 실타래를 풀어주는 7가지 생각   66
사실적 생각   67
논리적 생각   68
비판적 생각   72
종합적 생각   77
분석적 생각   79
창의적 생각   82
긍정적 생각   85

3장 만남
나와 너의 인격적 만남   93
나와 그것의 사물관계   109
부모의 보살핌, 케어윤리   122

4장 사랑
엄마의 무조건 사랑과 아버지의 조건부 사랑   134
아버지의 권위에서 벗어난 자리를 감싸주는 엄마의 사랑   137

5장 회복

충서忠恕를 실천해야 하는 유교의 인간다움 159
    하늘의 마음(天心) 159
    인仁에 대해서 164
원수마저 사랑해야 하는 기독교의 인간다움 171
    창조의 선한 사람 171
    헤세드hesed에 대해서 181

6장 정의

규범과 상황의 갈등을 해소한 유교의 권설權說 203
    세勢의 의미 204
    『맹자』의 권의 해석 208
    주희의 권설 211
개인의 인권과 자유에 관심이 없는 공리주의 224
무조건 따라야만 하는 칸트의 도덕법칙 236
도덕적 울림이 없는 자유주의 239
공공성을 키워드로 삼는 공공철학 246
    공공성의 어원적 의미 248
    자유주의의 공공철학 251
    공화주의의 공공철학 254
    활사개공의 공공철학 259
민의 공공성 확립을 위해서 272

에필로그 275

주석 282　참고문헌 291

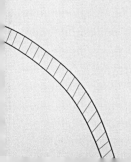

세상의 모든 사람에게 적용되는 공공적인 일이라도

사심을 품고 처리한다면

그것은 사사화私事化가 되어,

공공성이 없어지게 된다.

북송의 신유학자 이정二程 형제

2015년 방영 이후 아직도 많은 사랑을 받는 tvN 드라마 〈응답
하라 1988〉이 한국인의 넋을 잃게 한 이유는 무엇일까요. 골목
으로 얽혀 있는 커뮤니티, 즉 골목 공동체에서 나는 사람 냄새
가 아닐까 생각해봅니다. 달리 말하면 쌍문동 골목길에는 사람
이 있었습니다.

　매우 개인적인 이야기이지만 10년 가까운 유학생활을 마치
고 귀국한 2003년 어느 초여름 날입니다. 조금 붐빈 지하철에
서 운이 좋게 자리를 잡고 앉았습니다. 두 개 역을 지난 뒤 막 들
어온 가방을 든 여자 대학생이 저의 앞에 섰습니다. 저는 10년
전에 그렇듯이 자연스럽게 가방을 들어주겠다면서 가방을 달
라고 했습니다. 자신의 가방을 잡고 난처한 얼굴로 저를 쳐다
보았던 그 여자 대학생의 눈빛을 지금은 당연하게 받아들이게

되었습니다. 복잡한 출퇴근 버스를 타본 사람이면 누구나 느끼는 일이 있습니다. "뒤 쪽은 비어 있으니 조금씩만 뒤로 좀 들어가주세요"라는 운전기사 아저씨의 외로운 외침을. 그러나 응답은 거의 없습니다. 단순히 너 나 없이 끼고 있는 이어폰 탓으로 돌리기에는 머리가 자꾸 간지럽네요.

이런 이야기하면 꼰대 냄새 난다고 할지도 모릅니다. 제가 만원버스를 타고 통학하던 고등학교 시절이 불현듯 생각나네요. 스포츠머리에 검정 교복과 모자, 책과 도시락에 실내화가 들어 있는 투박한 직사각형 책가방을 들고 버스에 올라탑니다. 어느새 손에 든 가방은 자리를 잡고 앉아 있는 이름 모를 아저씨나 아주머니의 무릎에 올려져 있습니다. 가방 밑으로 다른 가방이 두세 개나 이미 있어 아저씨, 아주머니의 얼굴은 보이지도 않습니다. 내릴 정류장이 다가오지만 가방과 나는 따로따로. 밀리고 밀려 뒤에 있던 저는 어쩔 수 없이 창문을 통해 내리고 가방을 맡겼던 아저씨, 아주머니가 앉아 있는 자리로 가서 가방을 창문 너머로 건네받고 학교로 향합니다. 불편했지만 사람 냄새가 났던 그때가 그리워집니다.

최근 편의점에서 가장 잘 팔리는 것이 유명 배우 이름과 셰프 이름이 붙은 도시락입니다. 편의점 도시락은 돈만이 있으면 동일한 맛을 누구나 즐길 수 있습니다. 그러나 돈이 없으면 편의점은 우리와는 무관한 공간이 되어버립니다. 거기에는 돈으로 살 수 없는 나만의 집밥, 즉 정성과 사랑이 담긴 우리 엄마, 우리 할머니의 손맛이 없습니다.

멀쩡한 사람을 하루아침에 바보로 심지어는 목숨을 잃게 하는 SNS(소셜네트워크서비스)와 인터넷 게시판의 악플 문제는 어제 오늘의 일이 아닙니다. 익명의 공간에서 이루지는 사람들의 언어, 그곳에는 애절함과 푸근함과 간절함이 어우러진 쌍문동 골목길의 사람이 없습니다.

사람이 없기는, 인간성과 인간다움을 연구하고 가르치는 인문학(=사람)의 위기의 주범인 대학의 교양교육에도 마찬가지입니다. 기초학업능력의 배양과 지적 발전의 기반 다지기에 중점을 둔 대학의 교양교육에서 대학평가에 취업률이 반영되는 정책에 편승해 인문학(=사람)은 외면당하고 있습니다. 전국적으로 인문학과의 통폐합이 진행되고 있고, 철학과를 비롯해 취업과는 거리가 먼 비인기 인문학과는 폐과의 길로 들어선 지 이미 오래입니다. 부산에 철학과가 남아 있는 대학이 한 곳이라는 이야기가 그리 놀라운 화제도 되지 않는 것이 지금 학계의 현실입니다.

최근 인문학의 대중화는 세상에서 후미진 교도소의 담장 안으로 파고 들어가 그 향기를 내뿜고 있습니다. 저도 2013년 9월부터 현재까지 영월교도소를 비롯해서 여주교도소, 천안교도소, 천안개방교도소 등에서 "수형자를 위한 교양교육 인문학"이라는 타이틀로 인문학 강의를 하고 있습니다. 교육 대상자는 최저 형량 5년을 선고 받은 수형자에서 살인을 하여 20년을 교도소에서 보낼 수형자까지, 또 횡령과 사기 같은 경제사범 등 다양합니다. 교도소 인문학 강의는 비록 죄를 짓고 담장 안에 있는 수형자이지만, 그들에게 '인간은 무엇이며 어떻게 살아야 하는가?'라는 질문이 자신을 성찰하고 자신을 살아가게 하는 근원적 힘이 되어 지금의 역경을 견디게 하는 자극제가 되리라는 바람에서 시작했습니다. "인문학 강의의 어떤 점이 좋았는지"라는 설문지 항목에 답변한 내용을 임의로 선택해서 수형자가 작성한 내용 그대로를 옮기면 다음과 같습니다.

- 다함께 살아가야 한다는 것.
- 질문을 통해 문제를 해결하는 방법.
- 나 아닌 타자와의 연결고리와 내 마음으로부터 선입견을 비워야 한다는 점을 알았다.
- 과거를 돌이켜보고 지나친 욕심을 부린 것을 반성하게 되는 기회가 된다.
- 사물을 보는 다양한 관점을 제시해주어서 도움이 되었다고

생각합니다.

- 자기성찰을 하고 반성을 하면서 감정을 조절하는 데 도움이 되었습니다.
- 가족에 대한 중요성과 사랑을 느끼게 한다.
- 적어도 삶에 대해 진지하게 생각해볼 가치가 된다.
- 극히 상식적인 선에서 생활해야 한다는 배움의 깨우침이 있기 때문에.

설문에 응답해준 영월교도소의 수형자는 80퍼센트 이상이 대학졸업자로서 대부분 경제사범이고, 연령대는 40대 이상이었습니다. 그리고 여주교도소의 경우는 연령대가 20대에서 60대까지 다양하고, 학력의 격차도 있었습니다. 그리고 수형자들이 관심을 가졌던 주제는 지혜, 만남, 사랑, 회복, 정의였습니다.

한편 우리 사회에서 행복 열풍도 일시적 바람이 아니라 100세 시대를 맞이해 장기적 추세가 되고 있습니다. 특히 도덕주의적 행복론에 근거한 긍정심리학자들은 긍정적 성품과 덕성을 함양하고 발휘하는 것이 중요하다고 생각해 역사와 문화를 통틀어 보편적인 것이라고 함의할 수 있는 덕들을 찾아냈습니다. 이들이 분류한 6개의 핵심덕목은 지혜, 자애, 용기, 절제, 정의,

초월입니다. 지혜와 관련된 강점으로는 창의성, 호기심, 개방성, 학구열, 지혜가 있습니다. 자애와 관련된 강점에는 사랑, 친절성, 사회적 기능이 있고, 용기와 관련된 강점에는 용감성, 끈기, 진실성, 활력이 포함되어 있습니다. 절제에는 용서, 겸손, 신중성, 자기조절의 강점이 있고, 정의에는 시민의식, 공정성, 리더십이 있습니다. 끝으로 초월과 관련된 강점에는 심미안, 감사, 낙관성, 영성이 포함되어 있습니다(김교환, 『도덕교육과 행복교육』, 강원대학교출판부, 2013).

여기서 우리는 '수형자들이 관심을 가졌던 주제'와 '긍정심리학자가 찾아낸 핵심덕목'에는 겹치는 항목이 있음을 쉽게 발견할 수 있습니다. 그래서 지혜, 만남, 사랑, 회복, 정의 같은 주제가 비록 죄를 짓고 담장 안에 있는 수형자의 관심사였지만, 〈응답하라 1988〉에서 맡았던 사람 냄새가 잘 나지 않는 담장 밖 익명의 공간에서 기호화된 자신으로 살아가는 우리 자신의 과제이기도 합니다.

칼 야스퍼스가 제창한 '축의 시대(Axial Age)'에 등장한 유교철학의 시조인 공자(기원전 551~479)와 서양철학의 아버지 소크라테스(기원전 470~399)의 관심은 인간은 무엇인가, 바람직한 삶은 무엇인가에 있었습니다. 이것은 인문학의 주된 관심사이기도 합니다. 그래서 동서양 철학은 인간과 삶에 대한 인문학적 탐구에서 시작되었다고 할 수 있지요. 동서양 철학의 시원에서 키워드가 인간임을 생각할 때, 인문학과 철학은 러시아 전통 인형인 마트료시카처럼 중층적으로 파악할 수 있습니다.

최근 인문학의 열풍이 한국사회를 뒤덮고 있습니다. 그러나 앞서 언급했듯이 한국의 미래를 담당할 인재를 양성하는 대학에서 인문학 교육은 사멸되어가는 기이한 현상이 일고 있습니다. 또한 물질적으로 풍요로운 생활에서 드러난 정신적 빈곤의 현상으로 야기되는 사건 등의 배후에는 인문학적 소양의 결핍이 있습니다. 이러한 근본적 문제를 해결하기 위한 메스가 인문학임을 밝히는 것이 이 책의 목적입니다. 이를 위해서 이 책은 지혜, 만남, 사랑, 회복, 정의를 디딤돌로 삼아, 그 의미를 동서양 고전에서 캐물어 공락共樂하고 공고共苦하고 공분公憤하면서 사람과 사람을 잇는 징검다리로서 생각하는 인문학이 철학하기이며, 사회의 갈등 해결을 인문학적으로 모색하고, 인문학이 대학의 교양교육의 지축임을 다시금 확인할 것입니다. 더욱 일상의 고민과 의문을 생각하는 훈련이 되어, 일상생활의 문제를 철학으로 해명하는 교양으로서 철학이 몸에 익숙해지기를 바랍니다. 세계적인 보이 그룹 방탄소년단, BTS처럼 말입니다.

BTS의 유엔 연설은 음악을 통해서 내가 누구인지를 찾았다는 이야기입니다. 그래서 BTS의 리더 RM(김남준)은 "음악은 작은 소리로 일어나서 너 자신의 목소리를 들으라고 이야기했습니다"라고 말합니다. 이어서 RM은 말합니다, "어제도 저는 실수를 했을 것입니다. 하지만 어제의 저도 여전히 저입니다. 오늘의 나 역시, 오늘의 잘못과 실수를 저지를 겁니다. 내일의 저는 지금보다 더 나아질 것입니다. 그 또한 저 자신입니다. 이 모든 실수와 잘못은 나를 밤하늘의 빛나는 별로 만들어주었습니다. 나는 이제 나 자신을 사랑하게 되었습니다. 내가 지금 누구인지, 내가 앞으로 어떻게 되는지……." RM은 나는 누구이며 어떻게 살 것인지라는 인문학의 물음에 답을 찾는다고 할 수 있습니다. 아니 BTS의 음악은 인문학적 물음과 그 답을 찾아가는 여정의 산물입니다.

한편 지금은 필수품처럼 되어버린 스마트폰이 세상에 처음 얼굴을 내밀 때, 애플의 잡스가 2007년 아이폰 설명회에서 보여준 이정표를 기억합니까. 하나는 'Technology(기술)'를 가리키고 또 하나는 'Liberal Arts(인문학)'를 가리켰습니다. 아이폰은 기술과 인문학이 교차하는 지점에서 탄생했다는 것입니다.

아날로그 시대에서 디지털 시대로 접어들면서 문명의 패턴뿐만 아니라 커뮤니케이션의 영역에도 획기적인 변화가 있었습니다. 그 결과로 이제는 시각적 청각적 의사소통이 동시에 가능한 책을 쉽게 접할 수 있습니다. 그래서 교양서로서 알기 쉬운 인문학 이야기를 독자에게 전하기 위한 이 책은 사진, 영화, 텔레비전 뉴스, 시사교양 프로그램, 유튜브의 동영상 내용, 신문기사 등을 적절히 활용할 것이며 필요에 따라서는 도해圖解를 삽입할 것입니다.

먼저 플라톤의 「동굴의 비유」에 대한 이해를 돕기 위해서 영화 〈트루먼쇼The Truman show〉, 성숙한 사람이 되어가는 과정은 영화 〈샤인Shine〉, 공리주의와 자유주의 등의 설명은 영화 〈휴 그랜트의 선택Extreme measures〉의 몇 장면을 참고하면서 설명할 것입니다. 예를 들면 "마을버스 기사가 유독 친절한 속사정"이라는 신문기사 내용은 칸트의 정언명령과 가언명령을 설명하는 데 유효합니다. 한편 마르틴 부버의 나와 너의 관계, 나와 그것의 관계, 그리고 장폴 사르트르의 대자적 존재와 즉자적 존재, 상극, 더나가서 유교의 사덕四德과 기독교의 온전한 사람에 이르는 과정 등은 도해를 삽입하거나 도식圖式하여 이해를 도울 것입니다.

이 책은 서로 다른 주제를 다루고 있어 주제와 주제 사이에 아무런 연관이 없어 보이지만 '인문학=철학하기=생각하기'라는 실이 지혜, 만남, 사랑, 회복, 정의라는 구슬을 꿰뚫고 있습니다. 그리고 각 주제 사이를 이어주는 연결고리가 있습니다.

「1장 인문학이란」에서는 인문학과 철학의 어원적 배경을 고찰하면서 인문학은 바로 철학하기임을 확인하고, '지혜를 사랑한다'라는 철학의 의미는 철학함이 역동적인 생각을 동반하는 행위임을 짐작하게 합니다. 그래서 삶의 지혜는 생각의 실타래를 어떻게 풀어헤치는지에 따라서 방향이 결정됩니다. 그럼 먼저 생각이 무엇인가에 대해서 알아보아야 할 것입니다. 여기서 「1장 인문학이란」에서 「2장 지혜」로의 연결고리가 생깁니다. 「2장 지혜」와 「3장 만남」 사이에는 '긍정적 생각'을 통해 나와 타자의 관계를 '나와 너'라는 주체와 주체의 만남을 이어지게 하는 통로가 됩니다. 대화적 인격의 만남이 이루어지는 세계로서 마르틴 부버의 '나-너'의 관계는 이질적인 타자를 인정하고 수용하는 데 있음을 암시하며, 존재보다는 관계를 중시하는 케어윤리도 공유합니다. 그런데 케어윤리의 원형은 자녀에 대한 부모의 보살핌입니다. 그래서 글의 흐름이 자연스럽게 성숙한 사람은 어머니의 무조건 사랑과 아버지의 조건적 사랑을 자신의 내면에 간직하고 자기화하는 과정을 통해서 이루어진다고 주장한 에리히 프롬의 『사랑의 기술』에 초점을 맞춘 「4장 사랑」으로 넘어가게 됩니다. 유교는 사랑[愛]이 마음이 공평무사한 공公의 상태가 되어 인仁의 상태에 이르러 비로소 발현된다고 합니다. 이 인은 만물을 낳는 하늘의 마음[天心]입니다. 따라서 인간은 이 인(=사람을 사랑하는 마음)으로써 비로소 인간이요, 우주 혹은 세계 안에서 자기의 고유한 지위를 확보합니다. 회복이란 원래 존재하던 상태로 돌아가는 것을 의미합니다. 그리고 기독교에서 회개한다는 것은 실체에 대한 관점을 하나님의 관점으로 되돌아감을 의미합니다. 이는 온전한 그리스도인이 세상을 바라보는 마음 자세이며, 예수 그리스도의 마음으로, "사랑하지 아니하는 자는 하나님을 알지 못하나니 이는 하나님은 사랑이심이라"에서 알 수 있듯이 바로 사랑입니다. 결국 사랑은 회복의 키워드입니다. 따라서 「4장 사랑」에서 「5장 회복」으로 자연스럽게 주제가 이어집니다. 「5장 회복」에서는 유교적 인간다움에 이르는 과정과 기독교적 인간다움에 이르는 과정을 통해서 인간의 보편성과 그에 따른 보편적 가치를 추출합니다. 「6장 정의」에서 다룰 마이클 샌델의 공화주의의 공공철학에서 주장하는 '인격 형성적 계획(formative project)'과 일본의 공공철학이 내세우는 '활사개공活私開公'의 활사는 이 명동의로, 좋은 시민에게 요구되는 덕성을 갖출 역량이 필요하다는 것입니다. 그럼 유교적 인간다움과 기독교적 인간다움은 공공성을 개화해 정의를 실현하려는 시민의 덕성을 함양하는 데 한 몫을 충분히 담당할 수 있습니다.

따라서 이 책이 '인문학=철학하기=생각하기'라는 기차가 지혜, 만남, 사랑, 회복, 정의라는 5칸을 연결해 공공성의 개화라는 종착점을 향해 달린다는 이미지로 구성되었다고 생각하면 좋겠습니다.

1장

인문학이란

사람을 사람답게 기르는 마음, 사람을 바탕으로 여기는 생각, 한마디로 인간성과 인간다움을 뜻하는 라틴어 '후마니타스 humanitas'가 키케로(기원전 106~43)에서 시작되었다고 합니다. 그런데 후마니타스는 인성과 교양을 갖춘 상태 혹은 그런 시민을 양성하는 일을 일컫는 희랍어 '파이데이아paideia'에 뿌리를 두었습니다. 그럼 먼저 파이데이아의 어원적 배경을 살펴보겠습니다.

인간의 영혼을 계몽하는 파이데이아paideia

가르치고 기른다는 교양敎養이라는 말에 해당하는 희랍어 파이데이아는 플라톤(기원전 427~347)의 『국가』의 「동굴의 비유」에 보입니다. 잠시 「동굴의 비유」에 대해서 이야기하기로 하지요.

「동굴의 비유」에 의하면 우리가 살아가는 이 세상은 허상인데, 그 허상을 진짜로 믿고 사는 우리는 마치 어두운 동굴 안에서 손과 발이 묶인 채 앞만 보고 살아가는 죄수들입니다. 죄수들 뒤에는 동굴 안을 비춰주는 불빛이 있습니다. 그리고 죄수들과 불빛 사이에 담장이 있고, 담장 위에는 죄수들이 평생 보고 믿었던 것들의 실물이 자동인형처럼 지나가고 있습니다. 그중 한 죄수가 손과 발이 자유로워져 뒤를 돌아보니 자신이 진짜라고 믿었던 것들이 사물의 그림자임을 알게 됩니다. 그는 담장을 지나 불빛이 보이는 동굴 밖으로 나갑니다. 눈이 부셔 모든 것이 희미하게 보였지만, 점차 사물의 참모습이 선명하게 보였습니다. 그리고 마침내 모든 것을 비춰주는 태양을 바라보 게 되지요.

그는 평생 가짜를 진짜로 여기고 살아가는 동굴 안의 동료들 에게 자신이 보고 확인한 사물의 참 존재를 알리려고 동굴 안 으로 돌아갑니다. 그러나 그의 말을 들은 동료들은 그를 의심 하고 폭력을 가해 마침내는 죽이고 맙니다.

플라톤에 의하면 동굴 밖은 사물의 원형인 이데아가 존재하 는 실재의 세계이며 태양은 선의 이데아를 상징하고, 동굴 안 은 사물의 그림자로 구성된 현상의 세계입니다. 이러한 이분 법을 통해서 플라톤은 동굴 안의 삶은 감각적 경험에 기초한 속견의 세계라고 하고, 때에 따라 바뀌는 일이 없이 한 가지 모습으로 있는 이데아는 이성을 통해서 알 수 있는 참된 지식 이라고 합니다. 또한 플라톤은 선분의 비유를 통해서 우리의 앎의 단계를 제시하기도 합니다. '상상→사물→수학적 인식→ 이데아'의 순서로 올라갈수록 더 많은 진리를 포함하는데, 상 상과 사물은 감각적 세계이고 수학적 인식과 이데아는 지적 세계입니다. 그리고 각각에 해당하는 학문도 '예술→자연과학 →수학→철학'의 순서에 따라서 진리에 가깝고 더 가치 있는 것이 됩니다.

인간의 본성을 파이데이아가 있는 경우와 없는 경우의 관계로 제시하면서 시작된 「동굴의 비유」에서 파이데이아의 목표는 선의 이데아를 볼 수 있을 때까지 인간의 영혼을 계몽하는 것입니다. 다시 말하면 파이데이아는 마치 맹인의 눈에 외부로부터 시력을 주입해주는 것처럼 지식이 없는 영혼에 지식을 부여하는 것이 아니라 영혼의 잠들어 있는 능력을 일깨우는 것으로, 사물의 그림자로부터 사물의 참 존재(이데아) 쪽으로 인간의 영혼을 돌이켜놓는 일을 의미합니다. 즉 파이데이아는 인간이 어떻게 선의 이데아에 대한 앎을 가질 수 있는지를 일컫는데, 이것은 철학을 습득하는 과정입니다. 그래서 플라톤의 파이데이아는 시민을 훌륭함[arete]으로 이끄는 일을 수행하지요.

여기서 잠시 「동굴의 비유」를 이해하기 위해서 영화 〈트루먼쇼The Truman show〉를 도구로 사용하겠습니다.

이 영화는 방송국에 입양된 아이의 전 생애가 5,000여 개의 카메라를 통해 전 세계에 공개된다는 전제로 시작합니다. 주인공 '트루먼Truman(진정한 인간)'이 태어날 때부터 결혼생활까지 일상이 촬영되는 장소는 '씨헤븐Seaheaven'이라는 거대한 세트장입니다. 주인공 트루먼을 제외한 모든 사람 심지어 그의 아내까지 배우입니다. 이를 상징하듯이 배역을 담당한 배우를 소개하는 자막에 자신의 역에 트루먼 버뱅크(Truman Burbank as himself), 메릴역에 한나 질(Hannah Gill as meryl), 말론 역에 루이스 콜트레인(Louis Clitrance as marlon)으로 표시되어 있습니다. 메릴은 그의 아내이며 말론은 그의 죽마고우입니다. 그리고 이 모든 것을 제작하고 총괄하는 사람은 '크리스토프Christof' 입니다.

'Christof'를 나누어보면 'Christ of'가 됩니다. 그래서일까요? 크리스토프는 트루먼에게 "나는 창조자다"라고 합니다. 더욱 그를 소개하는 자막으로 'created Christof'가 화면에 스쳐 올라갑니다. 그리고 세트장인 씨헤븐Seaheaven의 헤븐heaven은 천국입니다. 마지막 장면에서 트루먼이 탔던 보트의 이름은 산타마리아Santa Maria입니다. 산타마리아는 예수의 어머니의 이름이기도 하지만, 크리스토퍼 콜럼버스Christopher Columbus가 아메리카를 발견했을 때 사용했던 배의 이름이기도 합니다. 우연일까요, 크리스토퍼는 트루먼 쇼의 총책임자 크리스토프와 끝부분 4개의 철자가 다릅니다. 그래서인지 이 영화는 종교적으로 해석되기도 합니다. 어쨌든 이 영화는 종교와 철학, 그리고 미디어의 관점에서 해석되는 나름 화제의 작품이지요. 여기서는 「동굴의 비유」를 이해하는 방편으로 사용하고, 트루먼의 관점에서 해석하고자 합니다.

트루먼이 태어나서 지금까지 한 번도 떠난 적이 없는 씨헤븐의 모든 것, 아버지와 어머니, 아내, 친구, 그리고 이웃, 직장 등은 오로지 트루먼만을 위해서 마련된 가짜입니다. 심지어 바다도 태양도 가공입니다. 트루먼은 세상과 완전히 단절된 이 거대한 가상의 공간과 시간 속에서 30여 년을 살아온 것입니다. 오직 트루먼만 자기 주의의 모든 것이 가짜인지 모릅니다. 마치 「동굴의 비유」의 죄수처럼 말입니다.

그러나 그가 출근하려고 차를 타는 순간 하늘에서 떨어진 '시리우스SIRIUS'라고 적힌 조명기는 그가 사는 씨헤븐이 가상의 현실이라는 사실을 알게 됨을 암시합니다. 지금의 아내와 만나기 전 대학생 시절 때 사귀었던 실비아를 만나기 위해서 아내 몰래 지하실에서 여성잡지에 실린 모델 사진의 눈과 입술 등을 찍어 조합하면서 퍼즐 맞추듯 실비아 얼굴을 만들어갑니다. 물론 실비아도 트루먼의 대학 시절 여자 친구 로렌 역을 맡았던 배우입니다.

트루먼이 실비아와 만남을 회상하는 장면에 주목하고자 합니다. 시험 기간에 도서관에서 우연히 만난 실비아에게 트루먼은 시험이 끝난 후 만날 수 있을지 데이트 신청을 합니다. 지금 당장 데이트하자는 실비아의 제안에 당황하지만, 그녀와 함께

저녁 바닷가로 달려갑니다. 서로가 서로를 좋아함을 확인하는 순간 자동차 소리가 들립니다. 실비아는 트루먼과 가까이하는 것을 꺼린 크리스토퍼가 사람을 시켜 자신을 끌고 갈 것을 예감하고 황급하게 이야기합니다. "모두 너에 대해서 알고 있어. 모르는 척하고 있을 뿐이지. 알겠어? …… 내 이름은 로렌이 아니야. …… 거짓말이야, 트루먼 내 말을 믿어줘. 이것도 가짜야. (모래를 뿌리면서) 다 너 때문에 만든 거야. 이건 세트야. 텔레비전 프로그램이라고."

아버지로 가장한 사람은 피지로 간다면서 실비아를 강제로 차에 태우고 사라집니다. 메릴과 결혼했지만 트루먼은 실비아가 떨어뜨리고 간 빨간 스웨터를 보관해둔 자신의 비밀 상자에서 꺼내어 보며 실비아를 그리워하고 피지로 갈 것을 결심하지요.

여기에서 실비아는 우연히 풀어진 사슬을 벗고 참 세계인 이데아계를 경험한 죄수(소크라테스를 상징)로, 동굴에 갇힌 동료에게 너희들이 진리라고 생각하고 믿는 것은 그림자에 불과하다며, 이 모방의 현실에서 벗어나 참된 진리를 추구할 것을 종용하는 죄수에 견주어 생각할 수 있습니다. 그리고 실비아의 가짜 아버지는 진리의 세계를 경험한 죄수를 구타하는 동료 죄수에 적용해서 이해해도 상관없지 않을까요.

트루먼은 피지로 떠나기 위해서 티켓을 구하러 여행사에 가지만, 지금은 성수기라 한 달을 기다려야 한다는 말을 듣습니다. 이번에는 출발 직전인 시카고행 마지막 버스표를 구해 간신이 버스를 타지만, 고속버스는 출발도 하기 전에 고장이 나고 맙니다. 이 모든 일은 트루먼쇼의 총감독 크리스토프가 계획한 일이지요.

피지로 떠나려는 계획이 무산되어 다시 일상으로 돌아온 트루먼은 아무런 일도 없었다는 듯이 출근합니다. 출근하는 자동차에서 전파 장애로 라디오에서 잡음과 함께 무전기 교신 소리가 들립니다. "큐 사인 기다려 스탠바이. 광장에 들어서고 있다. 다들 스탠바이. 스튜어트가에서 서쪽으로 진행 중, 모두 대기. 랭카스터광장에서 좌회전 중이다." 운전 중인 트루먼은 'Lancaster, SQ'라는 표지판을 보고 당황하고 놀랍니다. 눈을 의심하듯 표지판을 보며 운전하다 그만 사람을 칠 뻔합니다. 그러자 "맙소사! 사람을 칠 뻔했다"는 무선 소리가 라디오에서 나옵니다.

순간 트루먼은 자신의 일거수일투족을 누군가 보고 있고, 자신을 둘러싼 모든 것이 조작되어 있음을 몸으로 감지합니다. 하루는 퇴근해서 돌아오는 아내를 차에 태워 씨헤븐을 벗어나려고 시도합니다. 아내는 당연히 씨헤븐을 떠나는 것을 반대하지요. 트루먼이 탄 차를 저지하기 위해서 사방에서 갑자기 차가 나타나기도 하지만, 씨헤븐과 육지를 잇는 다리를 무사히 건너갑니다. 그리고 산불경고라는 위험지역의 안내판이 보이는가 했더니 도로 한복판에 불이 나지만 그것도 무사히 통과합니다. 이번에는 원자력발전소 적색경보라는 표지판이 나타납니다. 누출사건이라면서 자동차를 정지시키는 경찰관에게 아내가 "도울 일이 없을까요"라고 묻지요. 그리고 트루먼이 "감사하다"고 말하자 경찰관은 "천만에요. 트루먼 씨"라고 대답하고 돌아갑니다. 순간 트루먼의 얼굴은 경직됩니다. 트루먼을 깨닫습니다. 모든 것이 조작되어 통제되고 자신의 모든 것이 노출되고 있었음을. 이것이 다 가짜임을. 그는 경찰관을 뿌리치고 도망가지만 결국 잡히고 맙니다.

결국 크리스토프는 트루먼이 죽었다고 알았던 아버지가 사실은 기억상실증으로 노숙자 생활을 했다는 설정을 짜고, 아버지와 트루먼과 재회를 연출하는 등 갖가지 방법을 동원해 트루먼이 씨헤븐을 벗어나지 못하게 합니다. 그러나 트루먼은 감시의 눈을 피해서 사라집니다. 방송은 중지되고 맙니다. 크리스토프는 한밤중에 태양을 떠오르게 하고 모든 스태프를 동원해 세트장 구석구석을 뒤지지만, 좀처럼 그를 발견할 수 없습니다.

크리스토프는 통제실 스태프에게 바다를 비추라고 명령합니다. 바다의 모든 카메라와 등대의 카메라가 작동합니다. 트루먼이 보트를 타고 어디론가 가는 모습이 발견됩니다. 행복한 얼굴을 한 트루먼. 그는 여성 잡지에 실린 모델 사진에서 이목구비가 실비아와 비슷한 사진을 찢어 실비아의 얼굴을 재현한 종이를 봅니다. 크리스토프는 그의 항해길을 막기 위해서 기후조정 프로그램을 가동합니다.

집을 삼킬 만한 파도가 밀려오고 비바람 속에서 배는 기울고 트루먼은 바다에 빠지지만, 그가 탄 보트의 이름이 콜럼버스가 신대륙을 발견했을 때 사용한 산타마리아이듯이 역경을 이겨 냅니다.

화창한 날씨 아래에서 트루먼은 환희의 얼굴로 항해를 계속하지만, 얼마 가지 못해 배는 세트장의 벽에 부딪치고 맙니다. 놀라고 당황한 트루먼은 울분을 토하며 몸과 손으로 벽을 칩니다. 마침내 트루먼은 크리스토프의 만류를 뿌리치고 비상구를 열고 나갑니다. 트루먼의 마지막 행위의 원동력은 선의 이데아를 볼 수 있을 때까지 인간의 영혼을 계몽하는 파이데이아에 견줄 수 있습니다.

한편 '파이데이아'의 라틴어 번역어를 '후마니타스'로 선택한 로마의 철학자 키케로가 '밭을 갈다'라는 '쿨투라cultura'

와 '영혼'을 의미하는 '아니미animi'를 합성한 '쿨투라 아니미 cultura animi[영혼의 경작]'를 '파이데이아'에 조응하는 말로 사용한 후, '쿨투라'는 인간의 양육과 교양을 가리키게 되었지요(신응철, 「문화철학과 문화학」, 《철학탐구》 17, 중앙대학교 중앙철학연구소, 2005). 이처럼 교양은 어원적으로 '컬쳐culture', 즉 문화와 동의어로 사용됩니다. 그런데 컬쳐는 '땅을 갈거나 경작한다, 보살피다, 돌보다'를 뜻하는 라틴어 '콜레레colere'에서 유래했습니다. 이는 인간의 개입이 전혀 없는 '자연nature'과 대조되는 개념입니다(장동민·이경직·최태연·김경진, 『개혁주의 문화철학과 문화콘텐츠』, 북코리아, 2008). 따라서 컬쳐에 내포한 '경작하다, 개발하다'라는 동사의 의미를 확장하면, 컬쳐로서 교양은 사람의 머리를 경작하는 것을 일컬을 수 있지요(다치바나 다카시, 이정환 옮김, 『도쿄대생은 바보가 되었는가』, 청어람미디어, 2002). 그래서 교양은 인간을 자연적 상태에서 문화적 상태로 끌어올리는 차별적 내용입니다(손동현, 「인문교양교육의 의미와 과제」, 《인문과학》 37, 성균관대학교 인문과학연구소, 2006). 참고로 교양이라는 말은 '필로소피philosophy'처럼 일본학자가 독일어 '빌둥bildung'을 번역한 말이기도 합니다. 이 말은 인간이나 생명체의 형상이 자연스럽게 형성됨을 뜻하게 되고, 나아가 정신적인 내용의 모방과 모사까지를 나타냅니다. 그래서 빌둥은 인간의 더 높은 자아를 형성하고 완전케 하는 것을 의미하게 되었습니다(손동현, 「교양교육의 새로운 위상과 그 강화 방책」,《교양교육연구》3-2, 한국교양교육학회, 2009).

이상에서 파이데이아로서 교양이 아래에서 위로의 질적 변화를 지향하는 교육인 것과 빌둥으로서 교양이 완전한 자기 형성을 지향하는 것은 나중에 언급하겠습니다. 플라톤의 『향연』의 주된 주제인 에로스Eros와 주돈이周敦頤(1017~1073)의 『통서通書』「지학志學」에 보이는 희希가 아래에서 위—무지에서 완전한 지혜, 생生(범인)에서 숙熟(성인)—를 지향하는 동태적인 정신적 활동이라는 사실과 연동성이 있습니다. 이것은 '교양 있는, 계몽된'이라는 뜻으로 쓰이는 라틴말 '에루다투스eruditus'가 원래 '엔트ent-로트roht(날 것, 야만스러운 것을 면한다/벗어난다)'라는 뜻의 말에서 유래했다는 사실로도 짐작할 수 있습니다(손동현, 「인문교양교육의 의미와 과제」).

한편 희랍어의 파이데이아는 앞서 언급했듯이, 키케로에 의해서 인간성과 인간다움을 뜻하는 라틴어 후마니타스로서 전용됩니다. 더욱 키케로는 '스투디아 후마니타티스studia humanitatis(인간에 대한 학문, 인문학)'의 관점에서 사회에 대한 시인의 필요성을 역설하기도 합니다. 그리고 후마니타스에서 '~다움'을 의미하는 명사어미인 '~타스tas'를 제외한 '후마누스humanus'는 키케로의 이상을 가장 잘 나타낸 단어입니다. 그래서 파이데이아에 조응하는 말로 '쿨투라 아니미'를 사용한 키케로에게 '후마누스'는 인간화된 그리고 문명화된 의미도 동시에 함축한다고 합니다. 따라서 키케로에게 후마니타스는 인간의 본성을 최선의 상태까지 이르는 과정에서 얻어지는 특질이라고 합니다(박영희, 「키케로의 『웅변가론』에 나타난 교육이론 」, 《교육철학연구》 33-4, 2011).

이러한 후마니타스는 16세기에는 일반적으로 스투디아 후마니타티스의 교수·연구자를 지칭하는 말로 사용되어 18세기까지 이어집니다. 이 경우 인문학은 키케로가 교양교육으로 사용했던 것과 같은 의미였지요(차하순, 「전환기에서의 대학교양교육의 방향」, 《교양교육연구》 3-2, 한국교양교육학회, 2007). 그리고 르네상스 시대에 인문학이 포괄하는 분야는 문법, 수사학, 시학, 역사 그리고 도덕철학이었습니다. 이는 문사철을 묶는 인문학 개념이 싹트는 계기가 됩니다.

이제 동양의 지적 전통에서 인문은 어떤 의미로 일컬어졌는지를 살펴보지요. 『주역』 "천문天文을 살펴서 시간의 변화를 관찰하고, 인문人文을 살펴서 천하를 교화하여 이룬다"에서 만날 수 있습니다(『周易』, 「賁卦, 象辭」). 여기서 인문은 천문과 대비되어, 자연을 변화시키고 인간사회를 바람직한 문화로 만드는 것을 가리킵니다. 정이程頤(1033~1107)는 이 인문에 "인리지윤서 人理之倫序"라고 주를 달아, 인간이 마땅히 지켜야 할 도리의 질서로 여겼습니다. 구체적으로 말하면 인문, 즉 인간의 무늬는 윤리 도덕, 예악, 풍속 등을 말하는 것이지요. 그래서 『주역』에 보이는 인문은 인간에 의해서 창출되는 문명, 문화로서의 인간다움을 일컫지요(이승환, 「동양의 학문과 인문정신」, 『인문정신과 인문학』, 아카넷, 2007).

한편 고구려 소수림왕 2년(372)에 세워진 태학太學의 주요 교과는 유교의 경전인 오경五經(시경, 서경, 주역, 춘추, 예기)을 비롯해서 사기史記, 한서漢書, 후한서後漢書 등의 역사서와 문선文選같은 문학서를 가르쳤습니다. 시대를 내려와서 조선 시대의 과거, 특히 생진과生進科에서는 사서四書(논어, 맹자, 대학, 중용)와 오경을 시험했습니다. 여기서 사서의 내용을 중심으로 인재등용이 전적으로 인문학 과정이었음을 짐작해보기로 하겠습니다.

『논어』, 「학이편」 첫 페이지에 등장하는 것은 누구나 한 번은 들었을 만한 그 유명한 "학이시습지불역열호學而時習之不亦說乎"입니다. "배우고 시간이 있을 때마다 배운 것을 익히면 또한 기쁘지 않겠는가." 여기서 주목하고자 하는 것은 '습習'입니다. 습은 끊임없는 반복을 말합니다. 『중용』에 "어느 한 사람이 한 번 가능하면 나는 백 번 하고, 어떤 사람이 열 번에 가능하면 나는 천 번을 한다"고 하는 것처럼 꾸준히 반복하고 노력하라는 뜻입니다. 습을 통해서 얻는 기쁨은 어떤 것일까요. 어린 새끼 독수리가 어미 독수리가 물어다 주던 먹이를 기다리고 기다리다가 지쳐 배가 고파 있을 때, 8미터쯤 떨어진 나무에 항상 어미 독수리가 물어다 주었던 먹이가 있는 것을 보았다고 가정해봅시다. 어린 새끼 독수리는 태어나서 지금까지 날아본 적이 없습니다. 그러나 너무나도 배가 고파서 눈을 감고 먹이를 잡아먹으려고 용기를 내어 날아갑니다. 이때 어린 새끼 독수리는 어떻게 날갯짓할까요. 말할 것도 없이 제대로 날지 못하고 떨어지지 않을까 두려워서 있는 힘을 다하여 수없이 날갯짓할 것입니다. 습도 이와 같은 반복에 반복을 의미합니다. 이 어린 새끼 독수리가 창공을 날다가 지상에 있는 먹이를 단숨에 날아가 잡아먹을 만큼 성장했다면, 이젠 창공을 날 때는 한두 번 날갯짓하고 기류를 타면서 날 것입니다. 기류를 따라 날아가는 독수리와 같은 자유자재로움에서 오는 기쁨이 바로 배운 것을 끊임없이 습득해 느끼는 내적 희열이 아닐까요.

그럼 무엇을 배우는 것일까요. 『대학』의 첫 장은 "대학지도大學之道, 재명명덕在明明德,……"으로 시작합니다. 이것은 유학이 인문정신의 고양에 있음을 여실이 보여줍니다. 즉 대학의 교육이념(成人의 학문의 길)은 무엇보다 마음 안에 반짝이는 덕을 밝히는 데 있습니다. 이 명덕의 개념은 유학에서 인간을 도덕적으로 평등한 존재로 간주함을 암시합니다. 이는 칸트가 "심지어는 사악한 악당"까지도 태어날 때부터 도덕법칙을 마음속에 가졌다고 한 주장과 상통합니다. 덕의 구체적인 내용은 인의예지仁義禮智입니다. 맹자에 의하면 이 사덕이 없으면 사람이 아닙니다. 인간의 마음에 선한 질서가 내재되었다는 맹자의 주장은 그 유명한 "유자장입어정孺子將入於井"의 예를 통해서 이해할 수 있습니다. "사람마다 모두 차마 남에게 모질게 할 수 없는 마음이 있다고 하는 이유는 지금 어린아이가 우물에 빠지려는 상황을 문득 보게 되면, 모든 사람이 깜짝 놀라고 측은해하는 마음을 갖기 때문이다. 그것은 그 어린아이의 부모와 친교를 맺으려고 하기 때문도 아니고, 동네 사람들과 친구들에게 칭찬을 받으려고 하기 때문도 아니며, 우물에 빠지려는 아이를 보고도 구해주지 않았다는 나쁜 평판을 듣기 싫어서도 아니다"(『孟子』, 「公孫丑上」).

우물에 빠지려고 하는 어린아이를 구할 때의 마음은 무조건적이고 어떤 사사로운 목적도 섞이지 않은 순수한 마음입니다. 그 마음은 천지가 만물을 생성하는 마음일 뿐입니다(『孟子集注』, 「公孫丑章句上」). 따라서 "이 세계는 생명을 사랑하며 그것을 양육하여 살리는 마음으로 넘쳐흘러 있는 것이다. 그것이 자연

의 도리이며 이 자연의 도리의 발로로서 차마 어찌할 수 없는 마음의 존재가 도래하여 나타나는 것이 바로 내외를 하나로 하는 도리"입니다(小路口聰, 「人に忍びざるの政とは(1): 朱熹の'仁'の思想を再考する」,《東洋學研究》43, 東洋大學東洋學研究所, 2006). 무조건적인 차마 남에게 모질게 할 수 없는 마음의 상태는 마치 거울과 같습니다. 거울은 대상이 무엇이든지 상관없이 있는 그대로를 비추어냅니다. 따라서 인간은 하나의 생명이 목숨을 잃는 장면을 목격했을 때, 그 고통에 공감共感하고 공고共苦하여 보고도 못 본 척할 수 없는 것입니다.

그리고 우물에 빠지려는 아이를 구하는 행위는 의식이 집중해 다른 것에 신경을 쓸 수 없는 찰나적인 고도의 집중력에 의해서 나타난 현상이지요. 이 현상은 고도의 집중을 유지해 마음이 조금도 굽힘이 없게 되어 한 털 만큼의 사특한 생각이 조금도 없이 인仁이 자연히 발현되어 나타난 역동적인 모습입니다(『朱子語類』 권42). 다시 말하면 사랑의 에너지가 능동적이고 자발적으로 드러난 것으로, 마음의 동태적인 면을 확인할 수 있습니다(『朱子語類』 권53). 이는 공자가 『논어』에서 인을 애인愛人이라고 한 말을 이해할 수 있는 장면이지요(『論語』, 「里仁」). 결국 인문학으로서 유교는 내재화된 덕(=仁)을 회복하는 과정이 되며, 『사서집주四書集註』가 과거시험에 필수과목이라는 것은 인문학적 소양이 요구된다는 의미도 함축한다고 하겠지요. 결국 인문학으로서 유교는 시대가 바뀌어도 불변하는 인간 본성에 대한 성찰을 그 바탕으로 한 교육을 지향합니다. 더 나가서는 도를 체득하는 과정을 제시해야 합니다. 이는『중용』의 "하늘이 인간에게 부여한 것을 성性이라하고, 본성에 따르는 것을 도道라고 하며, 도를 닦는 것을 교敎라고 한다"에서 짐작할 수 있듯이 인간이 선한 본성을 확충하는 교육적 존재임을 시사합니다.

사서는 유학의 경서經書, 즉 유학의 바이블입니다. 경서는 하나하나의 구체적인 장면에 입각한 성인聖人의 발언을 담고 있으며, 그 권위는 절대적입니다. 주희朱熹(1130~1200)에 의하면 경서에 담겨 있는 "성인의 말은 의미심장하여 매번이고 되새겨야 한다. 만약 수박 겉핥 듯이 해서 깊이 생각하지 않으면 표피적인 이해에 머물기 때문에 철두철미하게 심사숙고해야 비로소 깨닫게"됩니다(『朱子語類』 권10). 그러면 "마치 얼굴을 마주 대하고 이야기하는 것처럼 성인의 생각을 이해할 수"있게 된다고 합니다(『朱子語類』 권10).

주자학(협의의 주자학으로 주희 사상을 일컬음)은 700년 동안 중국을 지배해왔습니다. 그리고 주희의『사서집주』는 중국에서 관료 선발 시험에서 모든 응시자들이 따라야 할 정통 해석으로,

1313년부터 1907년까지 과거시험의 필수과목이었습니다. 과거에서 『사서집주』를 채택한 이유는 관리에게 요구되는 도덕적 자질이 사서를 통해 배양된다고 믿었기 때문이지요. 그뿐만 아니라 어린이들이 문자를 배울 무렵 가장 먼저 접하는 『삼자경三字經』의 시작이 "인지초 인성선人之初 人性善"입니다. 이것은 맹자사상을 계승한 것입니다. 맹자의 성선설은 사람은 모두 성인이 될 가능성을 갖추었다는 신념의 표명입니다.

맹자의 성선설을 밑바탕으로 삼는 유학은 인간 존재의 의의를 긍정하고 인간을 더 높은 수준의 단계로 향상하려는[聖人可學論] 인문정신을 베이스로 합니다. 그리고 유학은 공동체 사회에서 인간을 더 인간답게 만들기 위해서 인仁(사랑)과 의義(마땅함)와 함께 공公(공정함)과 정正(정의로움) 등의 덕목을 강조했고, 독서 지식인들은 이러한 덕목을 함양하여 정치사회의 현장에서 실천하려고 노력했습니다. 이것이 바로 수기치인修己治人입니다(이승환, 「동양의 학문과 인문정신」).

따라서 동서양의 문화전통에 의하면 인문학은 교양 그 자체와 동일하다고 말할 수 있지요. 더 나가서는 교양교육은 인문학이 그 중심임을 숙지해야 하는 것이지요.

칼 야스퍼스가 말하는 '축의 시대(Axial Age)'에 태어난 공자와 소크라테스의 관심은 '인간은 무엇인가', '바람직한 삶은 무

엇인가'에 있었습니다. 이것은 인문학의 주된 관심사이기도 하지요. 그래서 동서양 철학은 인간과 삶에 대한 인문학적 탐구에서 시작되었습니다. 교양교육이 '인간다움'을 표방하고, 동서양 철학의 시원의 키워드가 인간임을 생각할 때, 교양교육과 인문학과 철학은 이레코(入れ子)처럼 중층적으로 파악할 수 있습니다.

이제 철학의 어원을 통해서 인문학이 바로 철학하기임을 알아보기로 하지요.

철학: 완전함에 이르는 열정

우리가 일상에서 사용하는 철학이라는 말은 니시 아마네西周(1829~1887)가 필로소피아philosophia를 번역한 데서 비롯되었지요. 니시 아마네는 동양 세계와 서구 세계가 교차하는 막말幕末에서 메이지明治 시대로 전환하던 시기의 계몽가이며 교육자였습니다. 도쿠가와德川 시대에 주류를 이룬 사상은 주자학입니다. 따라서 니시 아마네가 비록 네덜란드로의 유학을 통해서 칸트철학, 경제학 등을 접했지만, 그것은 주자학적 소양을 바탕으로 했던 것이지요. 그것은 그가 필로소피아를 철학으로 번역할 때 참고한 주돈이의 『통서通書』 「지학志學」의 "성인은 하늘과 하나가 되길 추구[希]하고, 현인은 성인이 되길 추구하고, 선비는 현인이 되길 추구한다"에서도 유추할 수 있습니다.

여기에서 보이는 희希는 선비와 현인賢人을, 현인과 성인을,

성인과 하늘을 연결하는 사다리 역할을 합니다. 선비와 성인 사이에 존재하는 현인으로 표창表彰되는 인물에 공자의 애제 자인 안회顏回(기원전, 521?~491?)가 있습니다. 안회는 공자로부 터 "회回는 3개월 동안이나 마음이 인仁을 어긴 적이 없다"라 고 평가를 받은 인물이지요(『論語』, 「雍也」). 안회의 "마음이 3개 월 동안 인을 어기지 않았다"는 것은 "마음은 거울과 같고 인 은 거울의 밝음과 같다"처럼, 비록 3개월이라는 제한된 기간이 지만 그동안 안회의 마음이 조금의 흠도 없는 거울처럼 밝고 환하게 빛이 났다는 것이지요(『朱子語類』 권31). 그러나 거울에 먼지와 때가 끼면 거울은 그 밝고 환한 빛을 잃게 됩니다. 마찬 가지로 마음에 사특한 욕심[私欲]이 스며들면 마음은 인을 드 러낼 수가 없게 되지요. 그래서 사사로운 욕심이 없으면 마음 과 인은 서로 어긋나지가 않아서 이 둘이 합쳐서 하나가 되는 것입니다(『朱子語類』 권31). 따라서 3개월 동안 인을 어기지 않 은 안회의 마음에 대해서 주희는 "안회가 석 달 동안 인을 어기 지 않았다고 하는 것은 마음이 조금도 흩어지지 않고 순수하고 밝은 마음을 유지했음을 의미한다. 석 달 이후는 오히려 한 가 닥의 털만큼의 사특한 생각이 수없이 일어나는 것을 피할 수 없었다"라고 설명합니다(『朱子語類』 권31).

그리고 주희는 인이 발현되기 위해서는 도랑이 먼저 마련되어야 물이 흐르는 것처럼 먼저 마음이 공公의 상태가 되어야 한다고 주장합니다(『朱子語類』권41). 더욱 공은 사리사욕을 의미하는 사私와 대비되어 사사로움이 전혀 없는 공평무사公平無私한 마음의 상태를 일컫습니다. 이는 안회가 사의私意(사사로운 생각)를 극복해 공평무사한 마음의 상태를 체현했음을 시사합니다. 그러나 3개월이라는 기간이 한정되어 있는 것을 보면, 안회가 사사로운 생각을 했음을 의미합니다. 다시 말하면 조금이라도 사私의 상태, 즉 사사로움이 있다면 인이라고 할 수 없다는 것이지요.

어쨌든 안회는 석 달 동안에는 한 실오라기의 사사로운 생각이 조금도 없는 순수하고 밝은 마음을 유지했던 것입니다. 바로 이때 안회의 마음은 한 방울의 사욕도 존재하지 않기 때문에 끊임없이 바르고 당당하고 밝고 환하며, 그 위에 그 작용은 훤히 트여서 넓디넓게 사방으로 두루 미쳐 항상 궁극에 머무는 성인의 마음의 경지와 같아지는 것입니다(『大學或問』, 『朱文公文集』권33, 「答呂伯恭」6). 그 성인의 심경은 『중용』의 "힘쓰지 않아도 맞으며 생각하지 않아도 터득하고"와 『논어』의 "일흔에 마음에 하고자 하는 바를 쫓아도 법도를 넘지 않는다"처럼, "일상의 의식 작용이 자연스럽고, 게다가 결과적으로 규범에서 일탈하지 않는다고 하는 상태이며, 마음이 최종적으로는 외계에

대한 반응의 자연스러움이 언제나 변화가 없어서 만물과 하나가 되는 경지"입니다(土田健次郎, 「現代における朱子學の意味」, 『21世紀の地球と人類に貢献する東洋思想』 수록, 京都: 將來世代國際財團, 2001). 다시 말하면 성인은 매 순간 올바른 반응의 선택능력을 갖춘 인격입니다. 다만 여기에서 생각하고자 하는 것은 안회의 심경이 석 달 동안이라는 기간에 제한되었다는 사실입니다. 뒤집어 말하면 안회는 석 달이라는 기간에 한정된 성인이라고 말할 수 있지요. 따라서 단 하루만이라도 맑고 깨끗한 거울[明鏡]과 같은 인을 유지하여 끊임없이 변화하는 외계에 대응하는 마음의 안정이 가능하다면, 일반인도 하루뿐인 성인이 될 수 있을지도 모릅니다.

주희는 "성현이란 이미 숙성[熟]된 학자(배우는 자)이며, 학자란 아직 숙성되지 않은 성현이다"처럼, 숙을 성인과 학자와의 질적 차이를 표현하는 개념으로 사용합니다(『朱子語類』 권32). 더욱 "성인은 숙이고 학자는 생生이다. 성인은 마음에 갖추어져 있는 사물의 이치가 바로 대응하지만 학자는 반드시 공부를 해야만 한다"와 같이 숙과 상반되는 생이라는 용어를 사용하기도 합니다(『朱子語類』 권21). 생에서 숙에 도달하려면 '습숙習熟'이라는 말에서 알 수 있듯이, 끊임없는 노력이 필수불가결합니다. 아리스토텔레스가 말하듯 "한 마리의 제비가 왔다고 봄이 온 것은" 아닙니다.

앞서 교양은 "인간을 자연적 상태에서 문화적 상태로 끌어올리는 차별적 내용을" 의미하며, 후마니타스는 인간의 본성을 최선의 상태까지 이르는 과정에서 얻어지는 특질이라고 했습니다. 니시 아마네가 필로소피아를 철학으로 번역할 때 참고한 "성희천聖希天, 현희성賢希聖, 사희현士希賢"의 희는 '선비→현인→성인→하늘과 생→숙'에서 짐작할 수 있듯이 인격적 완성을 향한 성숙한 내적 발전을 의미합니다. 이 희의 의미를 플라톤의 『향연』의 주제인 에로스Eros를 통해서 확인하고, 인문학도 교양도 철학도 인간의 최선의 상태를 지향한다는 공통점이 있음을 확인할 수 있습니다.

『향연』에서 디오티마는 불멸의 이데아를 향한 그리움으로서 에로스를 풍요의 신 포로스Poros와 빈곤의 여신 페니아Penia 신화를 통해서 설명합니다. 미의 여신인 아프로디테Aphrodite가 태어났을 때 신들은 축하연을 베풀었고, 지혜의 여신 메티스Metis의 아들인 풍요의 신 포로스도 축하연에 참석했습니다. 그리고 하루 한 끼와 잘 곳을 걱정하는 빈곤의 여신 페니아도 먹을 것을 얻으러 문 앞에 와 있었고요. 포로스는 술에 취하여 제우스의 정원에서 녹초가 되어 곯아떨어졌고, 이 기회를 이용하여 페니아는 포로스의 아들을 낳으려고 간계를 꾸며 그와 동침하여 에로스를 잉태하게 됩니다.

자식은 자신을 낳아준 아버지와 어머니를 닮는 법이지요. 에로스의 삶도 때로는 풍요롭고 때로는 궁핍함에 시달립니다. 그래서 에로스는 항상 구질구질하고 신발도 신지 못하고 집도 없이 나그네 신세로 하늘을 지붕 삼아 길가에서 잠들곤 했습니다. 그러나 아버지의 피를 받아 아름답고 선한 사람이 되려고 애를 썼고 용감하고 대담한 성향을 지녔습니다. 이렇게 에로스는 지극히 현실적인 삶을 지향하고, 다른 한편으로는 선과 진리를 추구하는 이상적인 삶을 지향하는 운명을 지니게 되었습니다.

그래서 에로스는 모든 것에 대한 풍요와 결핍 그 중간에 있는 자로서 언제나 거짓에서 참됨으로, 악에서 선함으로, 추함에서 아름다움으로, 무지함에서 지혜로움으로, 비겁함에서 용감함으로 도달하는 열정적인 그리움과 사랑을 함축하게 됩니다. 그리고 에로스의 대상이 되는 이상적인 것은 이데아여서, 에로스를 지상 세계에서 천상 세계로 상승하는 사다리를 놓아주는 안내자라고 합니다. 따라서 에로스는 그 대상의 풍요로움 때문에 그것을 열정적으로 사랑하고, 그것을 닮아가려고 하는 사랑입니다(플라톤, 왕학수 옮김, 『소크라테스의 변명·향연』, 신원문화사, 2007).

로마 신화에 등장하는 신들은 이미 지혜를 지녔기 때문에 지혜에 관심을 두지 않습니다. 마치 21조 원이 넘는 재산을 소유한 이건희 씨가 로또를 사지 않는 것처럼(확신한 근거는 없고 다만 추측이지만). 지혜를 지닌 신들이 지혜에 관심을 두지 않는 것은 당연하지요. 그렇다면 지혜에 관심이 없는 사람에는 또 누가 있을까요. 극과 극은 서로 통한다고 하지요. 지혜로운 사람의 정반대는 무지한 사람입니다. 지혜로운 사람과 무지한 사람은 지혜를 사모하거나 추구하질 않습니다. 그렇다면 지혜와 무지의 중간 지대에 있는 사람만이 지혜를 사랑한다는 것은 삼척동자도 알 수 있지요. 그래서 에로스는 지혜로운 사람과 무지한 사람 사이의 중간적 존재로 완전함을 추구하는 열정을 의미합니다.

디오티마는 지혜는 가장 아름다운 것이기 때문에 에로스는 필연적으로 지혜를 사랑하는 자일 수밖에 없다고 주장합니다(플라톤, 『소크라테스의 변명 · 향연』). 그리고 신들은 지혜와 아름다움과 행복을 지니지만, 인간은 그것들을 가지고 있지 않기 때문에 에로스에 의한 갈망의 대상이 되지요. 그래서 인간은 에로스를 통해서 그것들의 결여를 인지하여 그것들을 얻으려고 갈망합니다. 그리고 에로스의 중간적 성격은 '애지愛智', 즉 필라소피하는 정신입니다. 그래서 철학함이란 신도 동물도 아닌 인간만이 가진 고유한 속성으로 완전한 것을 향해 끊임없이 상승하는 역동적인 정신을 본질로 합니다.

여기서 우리는 니시 아마네가 왜 필로소피아를 번역할 때 주돈이의 『통서』의 「지학」장의 말을 인용했는지를 짐작할 수 있지요. 선비에서 현인을 거쳐 성인에 이르려는, 혹은 생에서 숙의 상태로 도달하려는 간구[希]를 에로스로 이해한 것이 아닐까요. 그렇다면 이 간구는 바로 동양적 에로스, 즉 동양철학을 하는 정신이 되겠지요. 결국 서양철학이든 동양철학이든 철학은 완전함에 이르려는 열정입니다.

다시 한 번 확인하면 인문학이든 교양이든 철학이든 인간의 최선의 상태에 이르려는 열정이고, 교양교육의 근간은 인문학이며 인문학은 바로 철학하기입니다. 그리고 지혜를 사랑한다는 철학의 의미는 철학함이 역동적인 생각을 동반하는 행위임을 짐작하게 합니다. 그래서 삶의 지혜는 생각의 실타래를 어떻게 풀어갈지에 따라서 방향이 결정됩니다. 그럼 먼저 생각이 무엇인지에 대해서 알아봐야 할 것입니다.

따라서 「2장 지혜」에서는 '생각하다'와 '생각나다'의 차이점을 통해서 '생각하기'는 바로 '질문하기'에 있으며 삶의 지혜가 생각하기에 있음을 밝히고자 합니다.

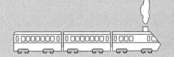

2장

지혜[1]

나의 존재를 밝히는 생각이란 무엇일까?

데카르트의 유명한 구절 "나는 생각한다. 고로 존재한다"와 파스칼의 "생각하는 갈대, 내가 나의 존엄성을 구하려는 것은 공간에서가 아니라, 내 사고의 규제에서다"는 우리의 존재 근거가 생각함에 있음을 천명한 명제입니다. 우리는 무엇을 먹을까, 어떤 옷을 입을까, 어디를 갈까, 어떤 차를 살까 등의 평범한 일상의 일에서부터 나는 누구인가, 어떻게 사는 것이 행복한 것인가, 하나님은 정말 존재할까 등 심오하고 근원적인 물음에 생각에 생각을 하면서 삽니다. 어쩌면 우리들의 삶은 생각의 연속일지도 모릅니다. 우리의 존재 근거가 생각함에 있다면, 생각이 무엇인지를 정의한다는 것은 나의 존재를 밝히는 것이기도 합니다. 이처럼 중요한 생각이 과연 무엇인가를 '생각하다'와 '생각나다'의 차이점을 통해서 알아보기로 하지요.

생각하다와 생각나다

그럼 '생각하다'는 무엇을 의미할까요. '생각하다'의 의미는 '생각나다'라는 행위와 비교를 통해서 확실해집니다. '생각나다'와 '생각하다'라는 행위는 의식의 연속적인 현상입니다. 그러나 편의상 '생각나다'와 '생각하다'를 단면적으로 잘라 구분해 보지요.

지하철을 타자마자 운이 좋아 자리를 잡고 앉자 문득 고등학교 때의 담임 선생님이 생각났다고 가정해봅시다. 단지 담임 선생님의 얼굴이 영화의 스크린처럼 스쳐 지나갈 수도 있지만, 아, 그래, 그때 담임 선생님이 건강상의 이유로 도시생활을 접고 귀농생활을 할지도 모른다고 말씀하셨지, 담임 선생님의 소식이 궁금해질 수도 있습니다. 그러면 집에 돌아오자마자 졸업한 고등학교의 홈페이지를 방문하거나 동문들한테 확인전화를 걸 것입니다. 이처럼 생각난 것에 관심을 갖고 질문할 때 비로소 우리의 의식은 '생각남'에서 '생각함'으로 전환합니다. 그래서 '생각하다'는 스스로 질문을 던지고 그 해답을 찾으려는 의지적이고 의식적인 행위라고 정의할 수 있지요. 우리의 의식이 생각남에 머물러 있다면, 우리의 행동은 현실안주적이고 소극적일 수밖에 없습니다. 반면 우리의 의식이 생각함을 지향한다면, 우리의 행위는 미래적이며 적극적일 것입니다. 이것은 에로스의 열정적 정신과도 일맥상통합니다.

잠시 '생각나다'와 '생각하다'의 차이점을 전두엽과 후두엽의 기능을 통해서 확인해보지요. 몇 년 전 중학교에 다니는 딸의 학교에서 학부모를 대상으로 한 "아이의 뇌에 도서관을 심어라"라는 타이틀의 강의를 들었습니다. 강사인 권장희 놀이미디어센터 소장은 SBS의 교양프로인 〈그것이 알고 싶다: 게임 뇌의 이론〉의 일부를 소개해주었습니다. 일본 니혼대학교에서 실시한 아이들의 전두엽 발달에 대한 실험에서 아이 머리에 126개의 전구가 연결된 장치를 설치하고 게임하게 하다가 책을 읽게도 했습니다. 게임을 하는 동안 전두엽의 활동은 거의 없고 후두엽만 활발하게 움직였습니다. 모리 아키오 교수는 게임을 할 때 집중해 손가락의 움직임을 빨리하려고 하면, 사고라는 의식의 단계에 전혀 들어갈 수 없어서 생각을 할 수 없다고 합니다. 손가락이 움직이는 것은 반사적 행위로 사고는 전혀 하지 않다는 것입니다. 다시 말하면 손가락의 움직임은 전혀 전두엽에 영향을 주지 않기 때문에 뇌는 활동하지 않고 손가락만 움직인다는 것이지요.

후두엽은 감각을 받아들이고 물체의 위치를 파악하고 촉각에 관한 기능과 정보를 받아들이고 저장하는 기능 등을 담당합니다. 다시 말하면 '생각나다'라는 의식은 후두엽에서 담당한다고 할 수 있지요. 어쨌든 그림을 감상하거나 남의 말을 듣거나 하는 등의 수동적이고 감각적인 활동은 주로 후두엽에서 일어납니다. 한편 전두엽은 "충동조절, 감정조절, 예절 갖추기, 사소한 것에 반응하지 않고 여과하기, 어떤 자극에 즉각 반응하지 않고 참기, 정보를 종합하여 결정하기, 계획하기, 목표설정하기, 목표에 맞게 잘 가고 있는지 모니터링하기, 다양한 경우의 수 생각하기, 사고를 전환하기, 독창성, 예측성, 추상적인 사고, 의욕과 동기 높이기 등을" 합니다(나덕렬, 『잠자는 CEO 당신의 앞쪽뇌를 깨워라』, 허원미디어, 2008). 삼성서울병원 뇌신경센터 나덕렬 소장은 그림을 그리고 감상할 경우의 예를 들어, "남의 그린 그림을 볼 때에는 주로 뒤쪽 뇌를 사용하지만, 흰 캔버스에 의미 있는 그림을 그리려면 뒤쪽 뇌뿐만 아니라 앞쪽 뇌까지 동원해야 한다. 앞쪽 뇌는 과거에 자기가 본 그림을 떠올리는 등 뒤쪽 뇌에 들어 있는 정보를 다 분석하고 이를 새로 조합하여 표현한다. 따라서 뇌 전체가 활동하는 작업인 그림 그리기가 그림 감상보다 훨씬 어렵다"고 하며 전두엽과 후두엽의 활동을 설명하고 있습니다(나덕렬, 『잠자는 CEO 당신의 앞쪽뇌를 깨워라』).

후두엽형 인간의 일상을 상상하면 "아침에 일어나서 생각 없이 텔레비전을 보다가 외출한다. 지하철에서 뭔가 번쩍거리는 화면이 있으면 생각 없이 그것을 보고 핸드폰 화면과 노래에 정신이 팔려 있다. 문제를 해결하는 데 나만의 고유한 방법보다는 남들의 풀이가 더 궁금하다. 남이 하니까 나도 따라 한다. 남의 이목이 두려워서 이러지도 저러지도 못한다. 자기 의견 없이 남의 의견을 주로 좇아가는 사람"입니다(나덕렬, 『잠자는 CEO 당신의 앞쪽뇌를 깨워라』).

결국 의식이 생각나는 데 머물렀을 경우, 그 사람의 행동은 후두엽형 인간의 일상과 같을 수 있음을 짐작할 수 있습니다. 후두엽형 인간의 모습은 우리가 지하철을 보면 거의 볼 수 있는 현상이네요. 그러나 우리들의 일상의 평범한 모습이라고 무반성적으로 받아들이기보다는 주입식 암기 교육에서 자란 우리가 후두엽형 인간이 되었음을 자각해야 합니다. 그래서일까요. 세계적인 뇌과학자인 나덕렬 소장은 "'우리 교육은 암기 위주로 해마海馬 등 뒤쪽 뇌를 반복해 쓰는 방식'이라며 '독창적이고 혁신적인 사람으로 키우려면 전두엽, 즉 앞쪽 뇌를 발달시켜야 한다'"고 주장하고 있습니다(김철중, 「앞쪽 뇌 팔팔해야 창의력 쑥쑥…꿈·목표 세우면 뇌도 깨어난다」, 《조선일보》, 2017년 1월 19일).

2011년 《한겨레》에 「컴퓨터·휴대폰 모르는 '실리콘밸리 2세들'」에 이어서, 2015년에는 한겨레신문사 부설기관인 '사람과 디지털연구소'에서 「머릿속 컴퓨터도 못 다루는데 바깥 컴퓨터가 무슨 소용」의 기사가 실렸습니다. 두 기사에서 소개하는 학교는 모두가 미국 캘리포니아주 샌프란시스코 북부의 작은 마을 밀밸리에 위치한 그린우드 학교입니다. 이 학교를 다니는 학생의 부모들은 세계적 정보기술 기업이 몰려 있는 캘리포니아 실리콘 벨리에서 활동하는 컴퓨터 전문가들이지요. 그렇다면 이 학교는 최첨단의 아이티 장비를 갖춘 최신 학교라고 생각하는 것이 일반적일 것입니다. 그러나 이 학교에는 컴퓨터는 물론 스크린보드, 빔 프로젝트 같은 멀티미디어 기기가 한 대도 없습니다. 대신 책, 연필, 분필 등 아날로그 교육 기자재만 있고, 교실 한편에는 『브리태니커사전』이 꽂혀 있다고 합니다. 다음은 '사람과 디지털연구소'에 실린 기사(권오성, 「머릿속 컴퓨터도 못 다루는데 바깥 컴퓨터가 무슨 소용」, 2015년 1월 27일)의 일부입니다.

이 학교는 왜 디지털 기기를 멀리하는 것일까. 교장 아치 더글러스는 "자신에게 주목할 수 있는 교육을 하고자 하기 때문"이라고 요약했다. "어린 시절 휴대용 컴퓨터의 사용이 두뇌와 신경 발달에 얼마나 해로운지에 대한 연구가 많습니다. 더 중요한 이유는 우리 학교가 아이들이 자신의 인격과 대인관계에 주목할 수 있도록 만들어졌기 때문입니다." 그는 자신의 머리를 톡 두드리며 "내 안의 컴퓨터도 다룰 줄 모르는데 밖의 컴퓨터를 줘봤자 무슨 소용이냐"고 말했다.

학부모 앤디 글라커(40)는 그린우드를 택한 이유로 "모두가 기술에 의존하는 상황에서 아이에게 정말 필요한 것은 무엇일지 고민한 결과"라고 말했다. 그는 실리콘밸리 벤처의 기술자다. 글라커는 "다르게 사고할 수 있는 힘이 핵심이고, 그건 기계가 키워줄 수 없다"고 말했다. 다른 학부모 크리스 브루어는 "창조성 때문"이라고 말했다. "남편과 나는 디지털 기기 없는 이 학교의 방침이 아이들 안의 예술성을 키워줄 수 있다고 봤다." 그의 남편 에릭 브루어는 무선 네트워크 분야 전문가로 현재 구글 부사장이다.

이 학교는 창의성을 높이려고 디지털 기기를 전혀 사용하지 않는 토론형 수업을 채택했으며, 도서관을 이용해 책을 읽고 직접 손으로 독후감 등을 쓰게 합니다. 그리고 기존 가치를 일방적으로 주입하는 전통적인 학교교육에 반기를 들고, 아이들 스스로 전인적 인간으로 성장할 수 있도록 교사와의 교감, 자연·예술·학문의 조화로운 학습 등을 중시하는 대안교육을 실시한다고 합니다.

결국 그린우드 학교는 생각나기 교육, 즉 스펀지식 교육이 아니라 생각하기 질문하기 교육, 아니 철학하기 교육, 즉 채금식 교육을 하고, 창의적이고 혁신적인 전두엽형 인간을 양성합니다.

대한민국 최고의 공부 달인들이 모인 곳, 서울대학교에서도 최고의 학생으로 꼽히는 서울대 A+ 학생의 비밀을 들추어낸 EBS다큐프라임 〈서울대 A + 의 조건〉에 출연한 서울대학교 학습개발센터의 이혜정 소장은 서울대학교 학생 1,213명에게 설문조사를 실시해 '공부 잘하는 학생'에 대한 빅데이터를 만들었지만, 그 결과를 발표하지 않았다고 합니다. 이유는 설문조사에 응답한 학생들의 공부 방식이 고등학교 쪽지 시험을 받을 때와 똑같이 통째로 외우는 것에 불과했기 때문입니다. 더욱이 교수들의 분석과 달리 새로운 관점으로 자신들의 생각을 적는 것을 시도하지 않았고, 그렇게 교수와 다른 생각을 작성할 경우 성적이 나빠질 것이라고 생각했습니다. 실제로 설문지 조사 결과 수용적인 학생의 경우는 학점이 높았고, 비판적인 답안지를 작성한 학생은 학점이 낮았습니다. 수재 소리를 듣고 고등학교를 조기 졸업해 서울대학교를 다니는 건희라는 남학생은 남들과 다른 생각하기를 좋아하고 토론하는 수업을 좋아하고 질문하려고 노력하지만, 그의 전공 평점은 2.66으로 거의 낙제 수준입니다. 4.0 이상의 점수를 받은 학생들과 건희 학생의 인터뷰 내용을 비교해보면 이혜정 소장이 연구결과물을 배포하지 않았던 이유를 간접적으로 이해할 수 있을 것입니다(EBS다큐프라임, 〈서울대 A + 의 조건〉, 2015).

건희: 제가 좋아하는 공부 방법에 관해서 이야기하자면 공식이나 설명들이 나온 배경을 알아보는 걸 좋아해요. 재미있어하기도 하고. 여러 가지 측면에서 남들과 다르게 생각하고 싶어하고 남들과 다르게 보이고 싶어 하거든요. 이 공식을 증명하다가 '아, 이건 조금만 바꾸면 이거구나' 하면서 이런 식으로 공부하는 걸 좋아하고 서로의 의견에 대해 토의하거나 토론하는 수업을 굉장히 좋아해요. 최대한 모르는 것에 대해서는 많이 질문하려고 노력해요.

생각하기 질문하기가 몸에 밴 건희와 달리 교수의 농담까지 강의 내용을 통째로 외우는 것이 A+를 받는 비법임을 몸소 보여주는 학생들의 인터뷰 내용을 간단히 소개하면 다음과 같습니다.

황희범(별명이 A+): 교수님이 하시는 말씀 그냥 노트북으로 적습니다. 수업 시간에 그냥 휴대폰 녹음기를 켜서 녹음을 해둬요. 그래서 나중에 수업 끝났을 때나 시험 기간이 됐을 때 다시 녹음을 들으면서 필기를 정리하는 방식으로 공부해요. 받아 적으면 공부를 할 때 나쁠 건 없으니까요. 그리고 수업시간에 좀 더 집중하는 느낌이랄까, 인풋input를 많이 하면 아웃풋output가 나오니까요.

이해성: 학점을 잘 받으려면 앵무새가 되야죠. 별로 의문을 갖지

않으면 되요. 그냥 알려주시는 것 받아 적고 저 경우는 노트북으로 속기하는 편이거든요. 교수님이 농담하시던 것, 어떤 맥락에서 던졌는지도 씁니다. 그다음에는 PPT로 외우고 속기했던 것을 요약해서 다시 외우고 ……고등학교 쪽지 시험 때 하던 것인데 대학교에 와서 내가 다른 방법으로 하지 않는구나.

최아영: 교수님 하시는 말을 시나리오 적듯이 그냥 그대로 적는 거죠.

김민주: 상세하게 설명을 쓰고, 교수님께서 예를 드는 것은 다 받아 적는 편입니다.

이주형: 기본적으로 많이 외우고 기억하려고 노력하고 정리합니다.

김보미: 진짜 토씨 하나 안 빠지고 쓰는 경우가 많습니다.

더욱 질문왕으로 불리던 김상현 학생도 더는 질문하지 않고 A+를 받는 학생과 동일하게 자신이 준비한 답안지를 그대로 달달 외워서 토씨 하나 안 틀리고 쏟아붓는 형식으로 시험을 본 결과 지금까지 받아본 적이 없는 장학금을 받아 본의 아니게 효도했다고 합니다. 그리고 전부 A 정도의 학점이 나왔지만 재미가 없어서 힘들었고 "더 이상 질문을 하지 않으니 많은 시간을 들여서 공부했어도 실제로 나는 존재하지 않았다"고 고백합니다. 이 고백은 질문왕인 자신이 더 이상 질문하지 않는다는 것은 자신의 생각이 없는 것으로 자신의 존재감을 잃게 된 김상현 학생의 솔직한 심정입니다. 데카르트의 "나는 생각한다 고로 존재한다"는 말이 실감나는 고백입니다.

결국 초등학교 때부터 주입식 교육에 주어진 답을 찾는 수업은 생각하기보다는 생각나기에 익숙하게 만들었고, 그것은 대학교까지 이어졌다고 할 수 있습니다. 달리 말하면 대한민국의 교육은 후두엽형 인간을 양성하는 것이지요.

노벨 수상자를 8명이나 배출한 명문 국립대학교인 미시간주립대학교에 객원교수로 간 이혜정 교수는 서울대학교에서 학생을 가르친 경험이 있는 이수영 교수와 협력해 서울대학교에서 실시한 동일한 설문조사를 미시간주립대학교 학생을 대상으로 실시했습니다.

수업 시간에 모든 내용을 받아 적으려고 노력하는지에 대한 질문에 학생들은 "모두 받아 적으려 했던 적은 없어요, 강의를 받아 적는 행위는 생각을 차단하는 것 같아요, 아니요. 보통 모두 받아 적지 않아요. 강의 자료를 보면서 흥미롭거나 도움이 될 만한 것들만 적어요"라고 대답합니다. 그리고 "시험을 칠 때 교수님과 의견이 다른 경우 자신의 의견을 쓰나요"라는 질문에는 "성적에 안 좋은 영향을 미치더라도, 제 의견을 말할 것

같아요. 제 의견을 표현하는 게 좋다고 생각해요. 왜냐면 교수님은 제 의견을 존중해주실 거고 교수님과 견해가 다르더라도 공정한 학점을 주실 거라는 믿음이 있기 때문이죠. 다양한 생각을 표현하는 것이 학점에 더 좋은 영향을 주는 것 같아서 그렇게 해요."

여기서 우리는 정답이 무엇인지 찾아내는 교육은 그 답 이외의 것은 받아들이지 못하는 폐쇄적인 생각에 갇히게 하며, 이러한 생각의 틀은 자기와 다른 의견을 수용하지 못하고 자기를 방어하는 비난적 생각과 자신의 주장이 없이 권력과 명예와 사회적 지위를 차지한 사람이 하라는 대로 하는 수용적 사고력을 이식함을 짐작할 수 있습니다.

이상의 내용을 중심으로 일반화할 수는 없지만 서울대학교 학생과 미시간주립대학교 학생들의 차이점을 정리하면 다음과 같습니다.

서울대학교 학생	미시간주립대학교 학생
생각나기	생각하기
수용적 사고력	비판적 사고력
후두엽형 인간	전두엽형 인간

또한 암기 위주와 4지 선답형 문제로 평가하는 한국의 주입식 교육의 문제점이 여실히 드러난 것은 오마바 대통령이 2010년 한국에서 G20폐막식 때에 한국 기자들에게 질문권을 주겠다는 제안에 한국 기자 모두가 침묵을 지키는 장면입니다. 한국의 내로라하는 대학을 졸업했을 기자들이 질문을 하지 않는, 아니 하지 못하는 민낯이 적나라하게 드러났습니다. 질문하지 않는다는 것은 비판적인 생각, 더 나가서 창의적인 생각을 할 의지가 없음을 의미하기도 합니다. 4차 산업혁명 시대에 접어든 지금 미래 인재에게 요구되는 것은 생각하는 힘입니다. 그래서 21세기 핵심역량으로 'Critical Thing, Creativity, Communication skill, Collaboration' 4C가 강조됩니다. 4차 산업혁명 시대에는 AI(인공지능), IOT(사물인터넷), 빅데이터 등과 융합해 사회 전반에 혁신적 변화를 창의적으로 이끌 인재가 필요합니다. 다시 말하면 수동적인 후두엽형 인간이 아니라 적극적이며 창발적으로 생각하는 전두엽형 인간의 리더십이 적실한 시대입니다.

생각의 실타래를 풀어주는 7가지 생각

이처럼 생각하기는 질문하기입니다. 그래서 다양하게 질문하고 그에 대해 다양한 해답을 찾는 생각의 능력은 하나의 사건과 사태에 대해서 다양한 질문을 던질 수 있고, 그에 대한 답을 제시해보는 다양한 모습으로 드러납니다. 이제 우리의 존재의 근거인 생각을 사실적, 논리적, 비판적, 종합적, 긍정적, 분석적, 창의적 관점에서 분류해 그 의미를 밝히고, 여러 생각의 유형이 결국 따로 국밥이 아니라 비빔밥처럼 서로 뒤섞이고 유기적으로 작용하고 있음을 밝혀, 생각의 실타래를 풀어 삶의 지혜를 산출하는 기반을 다지는 초석이 '생각하기=질문하기'에 있음을 확인할 것입니다. 이는 '생각하기=질문하기'가 이성적으로 성찰하는 삶이 가치 있는 삶임을 깨닫게 하는 통로임을 일깨워줍니다. 그래서 '인문학=철학하기=생각하기'라는 등식이 자연히 부각될 것입니다.

사실적 생각

사실은 '있는 그대로'를 뜻합니다. 그래서 사실적으로 생각한다는 것은 단순히 사실을 확인하기 위해 질문하는 것입니다. 예를 들어보면, "박근혜 대통령은 한국의 초대 대통령인가?", "영월교도소는 한국 최초의 수용자 자치제 교도소인가?", "키가 160센티미터도 되지 않는 저 아저씨의 신발 치수는 정말 260사이즈인가?", "세계에서 가장 높은 에베레스트 산의 높이는 7,500미터인가?", "저 선생님은 결혼했는가?" 같은 질문입니다. 이들 질문의 대답은 사실을 확인해보면 바로 참과 거짓을 구별할 수 있습니다. 에베레스트 산의 높이가 7,500미터인지는 인터넷 검색을 통해서 바로 확인할 수 있습니다. 에베레스트 산은 높이가 8,848미터입니다. 그래서 이 질문은 사실과 다르기 때문에 거짓이 되지요.

대한민국을 공분公憤의 도가니로 치닫게 하는 최순실 국정농단 청문회에 나선 사람들은 위증의 퍼레이드를 펼쳤습니다. 그리고 박근혜 대통령 탄핵을 이끌어낸 촛불혁명으로 들어선 문재인 정권의 주축 인물인 조국을 둘러싼 일련의 사태도 사실을 검증하는 작업이 유무죄의 갈림길이 됩니다. 그래서 사실을 확인하는 질문은 모든 지식의 출발점이며 진실을 밝히는 첫 단추가 되지요.

그러나 지식은 항상 옳기만 한 것은 아닙니다. 그래서 우리는 경험을 통해 아는 지식이 그릇되었다는 점을 발견하곤 놀라기도 하지요. 사실을 확인하려는 질문은 사실에 대한 지식으로 이어지고, 사실 확인은 또 다른 질문을 가져와 지식은 확장해갑니다. 이를 통해서 여러 유형의 생각하는 능력을 연습하고 훈련해 이성적으로 성찰하는 삶을 위한 기반을 쌓을 수 있습니다.

논리적 생각

논리 하면 생각나는 말은 주장과 근거입니다. 그래서 누군가가 당신의 논리는 무엇인지 물었을 때, 우리는 자신의 주장과 그 근거를 대답하면 됩니다. 이처럼 논리는 전제와 결론 그리고 주장과 근거의 관계로 이루어지지요. 그리고 논리는 관계를 중시하므로 주장과 근거의 관계가 적절한지를 따져봐야 합니다. 예를 들어, 여기에 두 쌍의 부부가 있다고 가정합시다. 한 부부는 금실이 좋아 서로를 위로하면서 결혼생활을 즐기지만, 다른 한 쌍의 부부는 아웅다웅 매일 싸움의 나날을 보내 심지어는 이혼의 문턱까지 왔다고 합시다. 후자의 부부가 아무리 사이가 좋지 않다고 할지라도 이혼하지 않는 한 부부입니다. 마찬가지로 비록 누군가의 글이나 말에 주장과 근거가 있다고 할지라도, 주장과 근거의 관계가 적절하지 않을 수 있습니다. 이처럼 주장과 근거의 관계가 부적절한 것을 오류라고 합니다.

그래서 논리적으로 생각한다는 것은 주장과 근거와 관련해 질문하고 대답하는 행위이므로 주장의 근거를 묻거나 근거의 주장을 묻는 행위입니다. 그러나 누구나 짐작할 수 있는 주장이나 이유는 굳이 표현하지 않아도 됩니다. 그리고 주장이나 이유 어느 한쪽이 생략된 문장에서는 생략된 주장이나 이유가 무엇인지 파악하는 것이 일상생활의 윤활유 역할을 할 수도 있습니다.

썸을 타는 커플이 야외로 드라이브를 떠났다고 합시다. 드라이브를 떠난 장소가 워낙 유명한 곳이고 날씨도 좋아서인지 고속도로가 정체되어 썸남은 조금씩 짜증내기 시작합니다. 많은 시간을 고속도로에서 허비한 후 겨우 고속도로를 빠져나와 썸남은 목적지를 향해 달립니다. 피곤해진 썸녀는 스마트폰 검색을 하곤, "어머, 여기서 가까운 곳 언덕 위에 유명한 레스토랑이 있는 데 경치가 무척 아름답데"라고 혼잣말합니다. 이 말은 레스토랑에서 커피라도 먹으면서 잠시 쉬고 싶다는 의미일 것입니다. 썸을 타는 이들이 연인 사이로 발전할지는 썸남의 반응에 달려 있지요.

한편 논리라는 단어는 부정적으로 사용되기도 합니다. "국회의원의 말은 논리적이지만 실제는 그렇지 않다"는 경우가 이에 해당합니다. 이는 국회의원의 말은 검증되어야 한다는 것이지요. 달리 말하면 논리는 내용과 상관없이 형식적으로 틀을 갖추기만 하면 된다는 의미를 함축합니다. 다음의 예를 보면 논리가 내용과 전혀 상관없고, 주장이 논리적으로 타당한지에 초점을 맞춘 생각의 틀임을 짐작할 수 있습니다(리처드 니스벳, 최인철 옮김, 『생각의 지도』, 김영사, 2008).

식물로 만들어진 모든 것은 건강에 좋다.
담배는 식물로 만들어졌다.
담배는 건강에 좋다.

내용과 전혀 상관없이 형식적인 틀만 갖추면 된다는 논리는 자신의 입맛에 맞는 주장만을 내세우는 독단적이고 폐쇄적인 면을 잉태합니다. 마치 보수계열의 신문사와 진보계열의 신문사가 입맛대로 필요한 자료만으로 기사를 쓰는 것과 같습니다. 그리고 주장의 근거는 객관적이어야 설득력이 강합니다. 자신의 생각이나 의견을 주장의 근거로 내세운다면, 자신이 속한 진영의 이념만 옳다고 주장하는 진영 논리에서는 전폭적 지지를 받을지 모르지만 허튼소리를 한다는 비난을 면치 못할 것입니다.

한편 사실이 옳고 그른 것에 대해 참과 거짓이라고 한다면, 타당과 오류는 논리적 문장에서 사용하는 말입니다. 논리를 모르면 웃을 수도 없다는 말도 있습니다. 정말 웃기 위해서는 논리적으로 생각해야 한다는 말을 오류의 예를 통해서 확인해볼까요. 아래에 든 예는 인터넷에서 생활 유머로 쉽게 접할 수 있는 이야기입니다.

어느 초등학교에 장학사가 시찰을 온다는 연락이 왔습니다. 교장 선생님은 내년이 정년이라 대통령이 온다고 해도 긴장하지 않을 정도로 아무런 걱정도 없이 여유롭습니다. 6학년 중에 가장 우등생이 많은 반을 시찰대상 학급으로 결정했습니다. 그런데 담임 선생님이 올해 사범대학을 갓 졸업하고 부임한 새내기 선생님이지요. 그러나 교장 선생님은 워낙 우등생이 모인 학급이라 담임을 불러 시찰대상 학급임을 알렸습니다. 담임 선생님은 손사래치며 극구 못한다고 했지만, 교장 선생님의 보이지 않는 압력에 시찰을 받기로 합니다. 담임은 교실로 돌아와 공부를 제법 하는 아이들을 앞으로 앉히고, 예행연습을 하고, 미화정리를 하는 등 만반의 준비를 합니다. 시찰 당일, 교장 선생님이 장학사와 함께 시찰대상 학급으로 들어가자, 아이들은 긴장에 긴장한 상태로 학급 분위기는 무거워졌습니다. 분위기를 바꿀 생각에 장학사는 마치 탁자 위의 지구본을 발견하곤, 맨 앞자리에 앉아 있는 학생을 가리키며 "학생, 이 지구본은 왜 기울어져 있지?" 갑작스러운 질문에 당황한 학생은 "제가 만지지 않았어요." 학생 대답에 무안했는지 장학사는 담임 선생님을 보면서 "담임 선생님, 지구본이 기울어져 있는 이유가 무엇이지요." 학생 대답에 안절부절못하던 담임 선생님은 얼떨결에 "그것, 사올 때부터 그렇습니다"고 대답하자, 옆에 있던 교장 선생님이 능청스럽게 "아 그 지구본 베트남산이라 그래요"라고 말을 거들었습니다.

지구본이 기울어져 있는 것은 현실적인 결과입니다. 그리고 그 원인이 셋이지요. 하나는 내가 만지지 않았다, 둘은 사올 때부터 그렇다, 마지막은 베트남산이다 입니다. 여기서 전제와 결론, 주장과 이유의 관계를 따져보면, 그 관계가 부적절함을 알 수 있지요. 즉 오류입니다. 이 오류 때문에 우리는 웃을 수 있습니다.

비판적 생각

강의할 때, 가끔 비판하다가 어떤 의미인지 물어볼 때가 있습니다. 대답의 80퍼센트는 상대방의 의견에 반대하는 것, 남의 허물을 드러내는 것, 남을 꼬집어 나쁘게 말하는 것 등 부정적인 내용입니다. 학생들의 대답을 듣고 칠판에 '비난하다'를 쓰고 학생들에게 여러분의 대답이 '비판하다'인지, '비난하다'인지를 다시 물어봅니다. 그럼 학생들은 자신이 방금 대답했던 것이 '비난하다'는 의미였네 하는 반응을 보입니다. 가장 쉬운 구별은 비판과 비난의 한자 표기를 알아보면 됩니다. 비판은 비평하고 판단한다는 의미로 '批判'으로 쓰고, 비난은 남의 잘못을 책잡아 나쁘게 말한다는 의미로 '非難'으로 씁니다. 더욱 비판에 해당하는 영어 단어 '크리틱critique'은 '크리시스crisis'와 마찬가지로 '재판하다, 구별하다, 판단하다, 분리하다, 분할하다' 등을 뜻하는 '크리네인krinein'에서 유래한 말입니다(경기대학교 글쓰기교재연구회, 『글쓰기2012-2학기』, 경기대학교, 2012). 그래서 비판하다는 것은 옳고 그름을 따져보는 행위입니다. 맹자가 말하는 사단四端 중 시비지심是非之心, 즉 옳고 그름을 가리는 마음이 바로 비판하는 마음이 아닐까 싶네요. 시비지심의 근원은 사덕의 하나인 지智입니다.

어쨌든 비판적으로 생각한다는 것은 하나의 사건이나 사태에 대해서 정말 그럴까라고 생각하는 것으로, 옳고 그름을 동시에 생각하는 행위입니다. 진짜 그럴까라고 생각하는 것은 질문의 답이나 기존의 사실에 대해서 그것의 사실 여부를 다시 한번 확인하려고 물어보는 질문입니다. 한마디로 "왜?"라는 질문을 던지는 것이 비판적으로 생각하는 것이지요. 이처럼 옳고 그름을 가려내려면 나의 주장이 있어야 합니다. 나의 주장이 있다는 것은 대중의 여론에 편승하지 않겠다는 적극적이고 긍정적인 의지의 표출입니다. 다시 말하면 비판적으로 생각한다는 것은 일반적인 여론이나 관행이나 사회의 통념이나 유행을 맹목적으로 받아들이지 않겠다는 의지이지요. 그래서 비판적으로 생각하는 사람은 "무엇을 받아들여야 하고 거부해야 하는지, 나는 무엇을 제안하고 주장해야 하는지, 스스로 납득할 이유를 찾는 과정"입니다(김주현, 『생각의 힘 비판적 사고와 토론』, 2013, 아카넷). 여기서 비판적 생각은 진짜 그럴까라는 관심과 의문에서 시작해 주장과 이유, 즉 논리적 생각의 과정을 밟음을 알 수 있습니다. 거듭 말하지만 생각의 여러 유형은 따로 국밥이 아닙니다. 비빔밥이 여러 식재의 궁합으로 그 맛을 더하듯이 여러 유형의 생각은 유기적 결합을 거쳐야 합니다.

비판적 생각을 거친 자신의 주장을 말하려면, 지적 용기가 필요합니다. 임마누엘 칸트는 계몽을 "각자가 자신의 오성을 사용하여 자립해가는 정신의 성숙화"라고 정의합니다. 그리고 그는 각자의 이성의 '사적 사용'과 '공공적 사용'을 구별합니다. 그래서 이성의 사적 사용은 각자 조직의 일원으로서 제한되더라도 어쩔 수 없지만, 언론 등의 이성의 '공공적 사용'은 제한되어서는 안 된다고 정의합니다. 예를 들면 공무원 등의 직무상 행위는 공공적이 아니라 사적인 것이므로 제한되더라도 어쩔 수 없지만, 공무원이 직장을 떠나서 한 시민으로서 조직의 본연의 모습을 비판하는 것은 이성의 '공공적 사용'이기 때문에 제한되어서는 안 된다는 것입니다(마자키 나오시, 성현창 옮김,『공공철학이란 무엇인가?』, 이학사, 2011). 최근 자주 등장하는 내부고발자도 이성의 '공공적 사용'을 발휘한 용기 있는 시민으로 모든 억압과 신변의 위험과 회유로부터 보호받아야 마땅합니다.

그러나 우리가 무비판적으로 일반적인 여론, 관행, 사회의 통념, 유행을 맹목적으로 따른다면, 사회의 구조적인 악을 제거할 수 없습니다. 이는 한나 아렌트의 '악의 평범성(banality of evil)'을 통해서 확인할 수 있습니다.

1960년 이스라엘 첩보 기관 모사드는 홀로코스트 실무 책임자였던 나치 전범 아돌프 아이히만을 아르헨티나에서 체포해 예루살렘으로 압송했습니다. 한나 아렌트는 아이히만이 매우 사악하고 악마적인 인물일 것으로 생각했습니다. 그러나 공개 재판에 나타난 아이히만은 평범했지요. 그는 재판 과정에서 자신은 상관인 라인하르트가 시킨 대로만 했을 뿐이라는 태도로 일관했습니다. 그는 예상과는 달리 괴물도 악마도 아닌 평범한 관료였지요. 공개 재판을 지켜보면서 한나 아렌트는 평범한 정상인이 그들의 행동이 낳을 결과에 대한 아무런 생각 없이 명령에 복종하고, 다수자의 생각 없는 무비판적인 순응이 결과적으로 악을 낳을 수 있다는 결론에 이르렀습니다. 한나 아렌트의 '악의 평범성'은 한국사회를 뒤흔들었던 국정농단에서 박근혜와 최순실, 그리고 그들의 수족과 관계에서도 여실히 드러났습니다. 그뿐만 아니라 정국을 진영 논리로 내몰아친 조국 사태는 흑백논리의 구덩이에서 자기 진영의 논리에 함몰된 무비판적인 수용과 변명으로 대한민국을 두 조각으로 갈아놓아 버렸습니다.

한편 비판적으로 생각하는 능력이 함양된 사람은 마음의 여유를 가질 수 있습니다. 비난이 일상화된 사람은 자신의 의견에 반대하는 목소리에 콘크리트 벽에 탁구공을 던지면 바로 반응하듯이, 즉각적인 반론을 제시하고 자신의 주장에 궤변을 늘어놓는 경향이 강합니다. 그러나 비판적인 생각이 몸에 배인 사람은 자신의 견해에 반대할지라도 처음부터 자신의 주장을 유보할 여유가 있어 반대 의견을 받아들일 수 있는 마음의 쿠션이 있지요. 달리 말하면 비판적인 생각은 자신의 주장이나 이론이 언젠가 잘못되었음이 증명되더라도, 그것을 겸허히 받아들이는 겸손함과 자신의 오류를 감추거나 거짓을 하지 않는 정직한 사람이어야 가능합니다.

종합적 생각

종합적으로 생각한다는 것은 두 가지 이상을 견주어서 질문하거나 전체와 부분의 관계에 대해서 질문해보는 것입니다. 견주어 생각해보는 대상을 질문할 때는 비교하거나 대조를 적절하게 사용해 이해의 폭을 넓힙니다.

비교는 둘 또는 그 이상의 사물, 사건, 사태의 공통점이나 비슷한 점을 들추어내어 둘이 얼마나 비슷한지 가리는 것이지요. 대조는 둘 또는 그 이상의 사물, 사건, 사태의 다른 점을 찾아내 둘이 얼마나 차이가 있는지를 나타내는 것이고요.

한편 "유교, 도교, 불교 모두 '조화', '부분보다는 전체', '사물들의 상호 관련성'이라는 공통 관심사를 가지고 있었다. 세 철학에 공통적으로 존재하는 '종합주의(holism)'는 우주의 모든 요소가 서로 관련되었다는 믿음에 기초한다. 종합주의라는 개념은 공명(resonance) 현상을 떠올리면 쉽게 이해할 수 있다. 현악기의 한 줄을 건드리면 공명에 의해 다른 줄이 울게 되듯이 인간, 하늘, 땅을 서로에게 이런 공명을 일으킨다. 만일 땅에서 군주가 나쁜 일을 하면 우주의 상태 역시 나빠진다는 믿음이 바로 이러한 종합적 사고의 한 예다." 이처럼 동양을 대표하는 종교인 유교, 도교, 불교에는 세상을 종합적으로 이해하려는 공통점이 있어서 동양인은 전체 맥락에 많은 주의를 기울이고 사건들 사이의 관계성을 파악하는 데 익숙합니다(리처드 니스벳, 『생각의 지도』). 그러나 "서양에서 행위의 주체는 자기 자신이다. 그러나 동양인에게 행위란 다른 사람과 교감으로 발생하거나 주어진 상황에 자기가 적응한 결과다. 이러한 차이가 언어에서도 잘 드러난다. 가령 일본어나 중국어, 한국어에서는 '나(I)'를 표현하는 말이 주어진 상황에 따라 다르다. 예를 들면, 친구들과의 관계에서 '나'를 기술하는 말과 상사와 관계에서 '나'를 기술하는 말이 다르다. 동양 언어에서는 구체적 맥락과 인간관계를 고려하지 않고 '나'를 표현하는 일은 드물다. 행동의 원인에 대한 관점의 차이 또한 문법에서 잘 나타난다. 서양의 언어는 행위자 중심적이다. 따라서 'He dropped it' 같은 표현을 쓰지만(스페인어는 제외), 동양의 언어는 'It fell from him' 혹은 단순히 'fell'이라고 표현한다." 여기에서 알 수 있듯이 언어에서 동양은 주제 중심적이고 서양은 행위자 중심적으로, 언어 구조상의 차이가 사고 과정의 차이를 낳을 수 있음을 짐작할 수 있습니다(리처드 니스벳, 『생각의 지도』).

어쨌든 종합적인 생각이 몸에 밴 사람은 지름신으로 불리며 과소비의 주범인 충동 구매에 빠지지 않는 절제 있는 소비생활을 할 수 있습니다. 충동 구매 행동은 비계획 구매 행동이라고도 하지만, 그 초점을 감정에 두고 다루어집니다. 대부분 충동 구매 행동은 소비자가 강한 호의적 감정이 발생되는 순간 즉각적으로 나타납니다. 구매자의 유형에는 미리 사게 될 제품과 특정 상표를 아는 계획 구매자, 자신에게 필요한 특정한 제품을 잘 알지만 점포에 가기 전에는 특정한 상표를 결정하지 않는 부분 계획자, 그리고 어떤 것도 미리 결정하지 않고 단지 저항할 수 없는 갑작스러운 충동을 경험할 때 구매하는 충동 구매자 있다고 합니다. 종합적으로 생각해 제품을 구매하는 사람은 예를 들면 "디자인과 가격 그리고 성능을 고려해 스마트폰을 산다면 어떤 것이 나에게 좋을까?" 같은 질문을 하고 스마트폰을 구입하는 계획 구매자입니다.

분석적 생각

분석적 생각이 무엇인지 이해하려면 분석의 의미를 알아야 합니다. 분석은 분류와 함께 둘 이상의 사물을 놓고 종류를 가르는 방법으로, 무리지어진 것을 개별적으로 정리하는 것입니다. 반면 분류는 각각 흩어진 것을 모아가는 작업이지요.

	대형	준대형	중형	준중형	소형	경차
현대	제네시스 에쿠스	그랜저 아슬란	쏘나타 i40 제네시스 쿠페	아반테 i30	엑센트	
기아	K9	K7	K5	K3	프라이드	모닝
한국 GM		알페온	말리부 카마로	크루즈	아베오	스파크
르노 삼성		SM7	SM5	SM3		
쌍용	체어맨					

도표를 참고하면서 분석과 분류에 대해서 알아보지요.

옆의 도표는 배기량을 기준으로 현재 판매되는 국산 승용차를 정리한 것입니다. 먼저 분석해봅시다. 위 도표에 적은 것은 모두 승용차의 종류입니다. 이 승용차 종류는 대형, 준대형, 중형, 준중형, 소형, 경차로 나눌 수 있습니다. 승용차 종류를 나누면 대형 승용차는 배기량이 3,000cc 이상으로 제네시스, 에쿠스, 오피러스, K9, 체어맨 등입니다. 준대형으로는 그랜저, 아슬란, K7, 알페온, SM7 등이 있고요. 그리고 중형은 쏘나타, i40, 제네시스쿠페, K5, 말리부, 카마로, SM5 등입니다. 준중형에는 아반테, i30, 벨로스터, K3, 크루즈, SM3 등이 있지요. 소형은 엑센트, 프라이드, 아베오 등입니다. 마지막으로 경차는 모닝, 스파크 등이지요. 이를 더욱 나누면 예를 들면 대형의 경우, 자동차를 생산한 회사별로 나눌 수 있습니다. 제네시스와 에쿠스는 현대에서, K9는 기아에서, 체어맨은 쌍용에서 각각 만들 것입니다.

한편 분류는 앞서 언급했듯이 흩어진 것을 모으는 작업입니다. 대형 에쿠스에서 경차 스파크에 이르는 26종류의 승용차를 대형, 준대형, 중형, 준중형, 소형, 경차로 가름하면 됩니다. 마치 도서를 분류하듯이 말입니다.

분석을 하는 이유는 전체를 잘 보기 위해서이지요. 그래서 분석해 낱낱이 나눈 것을 다시 분류해 묶는 작업을 한 후에는 이것을 종합해야 합니다. 왜냐하면 분석만 하면 내용이 산만해 통일성을 잃기 때문이지요. 종합적으로 생각하려면 먼저 분석적인 생각을 해야 한다는 사실에서 생각의 여러 유형이 각개 전투를 하는 것이 아니라 합동 작전을 해야 함을 재차 확인할 수 있지요.

창의적 생각

창의적으로 생각한다는 것은 새로움과 유용성을 산출할 목적으로 다른 사람들이 질문하지 않거나 대답하지 않는 것에 질문하거나 답을 찾는 행위입니다. 그리고 창의적인 생각에는 새로운 가치가 있어야 합니다. 그래서 독창적으로 새로운 가치와 유용성을 창출하는 창의적 생각은 주어진 문제를 새로운 시각과 방법으로 해결할 능력을 갖추었을 때 비로소 가능합니다. 다시 말하면 당면한 문제를 비판적 관점에서 관찰한 후에 문제 해결 방법을 기존의 방법과는 다른 관점에서 논의 사항을 바라보고 대안적인 시나리오를 상상하며, 다른 적절한 정보를 찾아내야 합니다(경기대학교 글쓰기교재연구회, 『글쓰기2012-2학기』). 그래서 창의적 생각은 비판적 생각을 거쳐야 합니다. 사고의 전환을 통한 새로운 가치와 유용성을 창출했다고 할지라도, 이를 설득하려면 주장과 근거의 관계가 견실해야 합니다. 결국 창의적으로 생각하려면, 논리적이고 비판적인 생각이 동반되어야 합니다. 그러나 비판이 판단의 영역에 머물고 논리가 내용과는 상관없이 논리 형식적 측면에 초점을 둔 것과 달리 창의적이란 현실적으로 유용하고 의미 있는 것을 생산해야 합니다. 그래서 창의적 생각은 비판적이고 논리적인 생각을 포섭하지만, 독창성과 유용성이라는 결과물을 생산해야 한다는 고유의 특징이 있다고 말할 수 있지요. 현실적으로 유용하고 의미 있는 것을 생산한다는 창의적인 생각의 능력은 색깔도 없고 냄새도 나지 않고 형태도 없는 2개의 수소와 공기의 중요한 성분인 무색, 무미, 무취의 기체인 산소 하나가 결합해 생명의 근원인 물이 만들어지는 것으로 비유할 수 있습니다.

어쨌든 창의적인 생각은 주어진 과제에 대해서 ① 진짜 그럴까라는 비판적 생각이 시동이 걸리고, ② 주어진 과제의 문제점을 찾기 위해서 비판적 대상이 된 과제의 타당성 여부와 주장의 검증을 확인하는 논리적 생각으로 1단 기어장치를 하고, ③ 기존의 관행에서 벗어난 참신한 사고의 전환에서 문제 해결 방법을 제안하는 창의적 생각으로 기어장치를 2단으로 올리고, ④ 새롭게 창출한 대안이 받아들여지도록 설득력을 강화해야 하는 데, 이는 논리적 생각의 영역으로 3단 기어입니다. ⑤

새로운 가치와 현실적으로 유용한 것을 창출하는 창의적 생각으로 4단 기어장치를 합니다. 이처럼 창의적으로 생각하기 위해서는 '비판적 생각→논리적 생각→창의적 생각(과정)→논리적 생각→창의적 생각(결과)'의 과정을 거쳐야 합니다. 혹자는 비판과 논리를 합하여 비판적 생각으로 하거나, 비판과 창의를 합해 창의적 생각으로 하거나, 유용성과 독창성 등만을 창의적 생각으로 간주하기도 합니다. 물론 기존에 없는 새로운 해결책을 찾아 창의성을 발현하려면, 기존 지식을 흡수하고 그것에 질문하고 분석해야 하는 과정이 필요합니다. 어쨌든 생각의 여러 유형이 비빔밥처럼 뒤섞어야 생각의 본연의 모습이 발휘되어 생각의 실타래를 풀 수 있음을 거듭 확인할 수 있습니다. 생각을 쪼개어 보려는 여기에서는 창의적 생각을 독창적이고 현실적으로 유용한 것을 창출하는 생각의 능력으로 하겠습니다.

이러한 창의적 생각은 4차 산업혁명 시대에 가장 필요한 융합적 인재를 키우는 데 꼭 갖추어야 할 역량입니다. 지금까지 한국의 경제를 이끌어온 수출 산업은 OEM기업이 선도했습니다. OEM기업이 무엇인가요? 로열티를 지불하고 오리지널 제품을 만드는 일종의 하청 생산이지요. 국가별 로열티 수입으로 세계지도를 그리면 남미, 아프리카, 동남아시아는 지구에서 사라지고 미국, 유럽은 어마어마하게 커진다고 합니다. 다행스럽게도 한국은 아주 조금하지만 존재한다고 합니다(최재천 외, 『창의융합콘서트』, 웅진씽크빅, 2013). 생산 과정에서 나타나는 한국과 미국, 유럽의 차이점은 '생각나기 VS 생각하기', '후두엽형 인간 VS 전두엽형 인간', '숙제형 VS 과제형'으로도 비교할 수 있습니다.

앞서 들었던 실례를 통해서 알 수 있듯이 초등학교에서 대학교를 걸쳐 회사원으로 활동하면서 질문과는 담을 싸고 호기심 없이 사는데, 어떻게 창의력을 발휘할 수 있겠습니까. 기술과 인문학의 융합의 산물인 애플의 아이폰은 그야말로 창의적 생각의 끝장판입니다. 아이폰은 MP3와 인터넷과 전화기를 융합한 것입니다. MP3,전화기, 인터넷을 잡스가 개발했나요. 전혀 다른 기능을 가진 MP3, 전화기, 인터넷을 연결해서 새로운 관점에서 재해석한 것이지요.

긍정적 생각

심리학 영역에서는 긍정적인 생각을 "상황이 긍정적이든 혹은 부정적이든 간에 그 자체를 수용하고 의미를 찾으며 미래의 목표를 위해 노력하는 사고방식"이라고 정의합니다. 생각하기를 질문하기로 규정한 필자의 입장에서 긍정적으로 생각한다는 것은 상담받으러 온 내담자의 입장에서 내담자의 이야기를 전적으로 수용하는 상담처럼 상대방의 입장이나 저자의 입장에서 질문하는 것입니다. 그래서 긍정적 생각은 자신의 판단을 잠시 접어두어야 하는 인내와 절제가 필요하지요. 그리고 다른 사람의 행동이나 주장 또는 저자의 목소리는 그들이 직간접적으로 경험한 일상적인 삶의 양식을 드러내는 개념으로 표현된 것입니다. 그래서 다른 사람의 행동이나 주장을 비판적으로 받아들이기 전에 그 사람의 의도를 파악하려는 배려의 마음을 가지면 그 사람의 감정, 행동, 기대 등, 즉 삶의 양식을 충분하고도 정확하게 이해할 수 있습니다. 이때 나와 동질이면서 이질적인 타자와의 대화가 시작됩니다. 이처럼 긍정적 생각은 나와 타자와의 관계를 나와 너라는 주체와 주체의 만남으로 이어지게 하는 통로가 됩니다.

3장

만남

우리들의 삶은 만남의 연속입니다. 그러나 현대인의 삶은 이웃과 단절 속에서 괄호 안에 자신을 가두어둔 외로움의 분투기가 된 지 오래입니다. 마르틴 부버가 제시한 '나-너'의 관계, 그리고 '나-그것'의 관계는 진정한 만남이 무엇인지 우리에게 제시해줍니다. 만남의 첫 단추는 이질적인 타자를 받아들이는 데 있지요. 이는 이질적 타자에 대한 존중을 밑바탕으로 하는 『논어』의 "화이부동和而不同"과도 상통하며, 주희의 말을 빌리면 "사람과 나는 하나이며 사물과 나는 하나다(인여기일人與己一, 물여기일物與己一)"의 관계입니다. 타자를 객체로서 그것이 아닌 주체로서 너로 인식할 때 우리들의 삶은 가슴으로 대화하며 서로의 서로됨을 그대로 받아들이는 온전한 만남을 통해서 종교적으로 인격적으로 정신적으로 물질적으로 풍요로워질 것입니다. 왜냐하면 주체로서 나는 궁극적인 실체와 자연과 이질적인 타자를 너로 만날 수 있기 때문이지요. 그래서 이 장에서는 마르틴 부버의『나와 너』를 중심으로 온전한 만남은 어떻게 가능한지 알아볼 것입니다. 그리고 장폴 사르트르의 즉자존재와 대자존재, 시선을 '나-너' 그리고 '나-그것'에 적용해 설명함으로써 사물화가 아닌 주체성을 드러내는 삶이 진정한 만남이 이루어지는 터전임을 밝힐 것입니다. 또한 자기와 타자의 상호성에 기초한 케어윤리를 통해서 타자와 만남에 책임이 동반됨을 밝히고자 합니다. 그리고 '나-너'의 관계와 '나-그것'의 관계를 이해하기 위해서 〈리멤버 타이탄Remember The Titans〉이라는 영화를 도구로 사용할 것입니다.

극히 개인적인 이야기이지만 10년 가까운 유학생활을 마치고 귀국한 2003년 어느 여름날. 조금 붐빈 지하철에서 자리를 잡고 앉고 있는 데, 다음 역에서 승차한 가방을 든 여자 대학생이 바로 앞에 와 섰습니다. 유학을 떠나기 전 일상적으로 당연히 그렇듯이 가방을 들어주겠다면서 가방을 달라고 했을 때 일입니다. 자신의 가방을 잡고 난처한 얼굴로 필자를 쳐다보았던 그 여자 대학생의 눈빛. 당시 저에게는 문화적 충격이라고 할 정도로 당황스럽다 못해 곤혹스러웠던 기억이 지금도 생생합니다. 유학 가기 전에는 상상하지도 못했던 아니 있을 수도 없었던 일입니다.

제가 만원버스를 타고 통학하던 고등학교 시절이 불현 듯 생각나네요. 스포츠머리에 검정 교복과 모자, 책과 도시락에 실내화가 든 투박스러운 직사각형 책가방을 들고 버스에 올라탑니다. 어느새 손에 든 가방은 자리를 잡고 앉아 있는 이름 모를 아저씨나 아주머니의 무릎에 올려져 있습니다. 내 가방 밑으로 다른 가방이 2~3개나 이미 있어 아저씨 아주머니의 얼굴은 보이지도 않습니다. 내릴 정류장이 다가오지만 가방과 나는 따로따로. 밀리고 밀려 뒤에 있던 저는 어쩔 수 없이 창문을 통해 내리고 가방을 맡겼던 아저씨 아주머니가 앉아 있는 자리로 가서 가방을 창문 너머로 건네받고 학교로 향합니다. 불편했지만 사람 냄새가 났던 이때가 그리워집니다.

2015년 방영된 이후 아직도 많은 사랑을 받고 있는 tvN 드라마 〈응답하라 1988〉이 한국인의 넋을 잃게 한 이유는 무엇일까요. 골목으로 얽혀 있는 커뮤니티, 즉 골목 공동체에서 나는 사람 냄새가 아닐까 생각해봅니다. 달리 말하면 쌍문동 골목길에는 사람과 사람의 만남이 있었습니다.

마르틴 부버가 전달하고자 하는 메시지, 즉 그의 가르침의 핵심은 "온갖 참된 삶은 만남이다"입니다. 이 만남을 마르틴 부버는 '나-너', 그리고 '나-그것'이라는 근원어로 설명하지요. 먼저 그가 말하는 '나-너'의 관계가 무엇을 의미하는지를 알아보도록 합시다.

나와 너의 인격적 만남

실존주의자에게 가장 중심이 되는 것은 주체입니다. 마찬가지로 유신론자이면서 실존주의자인 마르틴 부버에게 만남은 주체와 세계 사이에서 이루어집니다. 그리고 마르틴 부버는 주체와 세계 사이에는 '나-너' 혹은 '나-그것' 중에 어느 근원어가 건네지느냐에 따라서 만남이 이루어지는지가 결정된다고 합니다. 그리고 독립된 나란 존재하지 않으며 '나-너'에서의 나, 그리고 '나-그것'에서의 나가 존재할 뿐입니다. 전자는 인격적 만남의 관계이며 후자는 사물세계의 관계입니다.

주체로서 나 이외의 모든 것을 세계라고 가정한다면, 이 세계를 크게 셋으로 나눌 수가 있지요. 하나는 나 이외의 모든 인간, 그리고 피조물로서 자연, 마지막으로 인간과 자연의 근원이라고 할 수 있는 궁극적 실체로서 신입니다. 그래서 우리는 사람과 더불어 사는 삶, 자연과 더불어 사는 삶, 정신적 존재들과 더불어 사는 삶 안에서 살아가는 것이지요.

나와 타자, 나와 자연, 나와 궁극적인 실체 사이를 어떻게 하면 '나-너'의 관계가 가능할까요.

프리허그는 '나-너'의 관계를 설명하는 데 가장 적절한 예가 됩니다. 프리허그는 프리허그닷컴(free-hugs.com)의 설립자인 제이슨 헌터Jason G. Hunter가 평소 "그들이 중요한 사람이란 걸 모든 사람이 알게 하자"는 가르침을 주던 어머니의 죽음에서 영감을 받아 2001년에 최초로 시작했다고 합니다(www.freehugscampaign.org).

얼마 전 증오로는 어떤 관계도 해결할 수 없다면서 오사카大阪의 반한反韓 시위 현장에서 평화를 위한 프리허그 캠페인을 진행한 윤수연 씨의 동영상이 화제가 되기도 했습니다. 윤수연 씨는 2015년에도 교토京都에서 프리허그를 했고, 그것을 영상에 담은 사람은 일본인 여행가 쿠와바라 코이치桑原功一입니다. 그는 2011년에 부산과 광주에서 프리허그를 한 장본인이기도 합니다. 이 동영상을 보면 만난 적도 들어본 적도 없는 한국인과 일본인이 서로 불특정인 남녀노소와 웃으면서 가슴과 가슴을 대고 때로는 가볍게 때로는 뜨겁고 거칠게 포옹합니다.

동영상을 보고 가슴이 찡해지지 않는 사람은 아무도 없을 것입니다. 마르틴 부버에 의하면 인간은 관계의 '아프리오리', 즉 타고나온 너로서 남을 맞아들이려는 준비태세가 되어 있다고 합니다(마르틴 부버, 김천배 옮김, 『나와 너』, 대한기독교서회, 2000). 인간은 누구나 나와 이질적인 존재인 타자를 너로 받아들일 수 있다는 것이지요. 이는 주체와 객체의 대립적 분리 관계가 아니라 미분화상태에서의 주체와 주체의 만남입니다. 프리허그가 가능한 것은 관계의 아프리오리가 인간에게 선험적으로 존재하기 때문입니다.

관계 아프리오리를 이해할 수 있는 또 다른 예는 크리스티앙 Christioan이라고 불리는 사자 이야기입니다. 멸종위기 동물보호법이 발효되기 바로 1년 전인 1969년 영국을 여행 중이었던 호주의 두 청년은 백화점에서 손님을 끌기 위해서 개설한 동물매장에서 팔리길 기다리면서, 우리 안에 있던 어린 사자가 불쌍해 사자를 사서 호주로 돌아옵니다. 그들의 이름은 존과 앤서니입니다. 호주로 돌아온 존과 앤서니는 어린 사자 크리스티앙을 잘 보살펴 사람들에게도 스스럼없이 다가가는 애교가 많은 사자가 되었습니다. 그러나 1년이 지나자 크리스티앙은 두 청년이 감당할 수 없을 만큼 성장했고 몸무게는 83킬로그램에 달했습니다. 그래서 이들은 크리스티앙을 야생에서 적응할 수 있게 사자의 아버지로 불리는 조지 아담슨이 있는 케냐의 국립공원으로 보내기도 합니다. 1년 후 그들은 크리스티앙을 만나러 케냐 국립공원에 갑니다.

　두 청년과 크리스티앙이 재회하는 장면을 유튜브에서 확인할 수 있습니다(주인을 알아보는 사자, www.youtube.com/watch?time_continue=2&v=cdI5KgwGlsc). 조지 아담슨에 이끌려 온 크리스티앙은 언덕에서 두 청년을 향해 천천히 내려오다가, 그들이 1년 전 자신을 보살펴주었던 존과 앤서니임을 확인하고는 달려가 부둥켜 얼싸안고 좋아하는 모습은 정말 감동적입니다. 여기서 감히 인간뿐만 아니라 살아 있는 모든 존재에는 관계 아프리오리가 갖추어졌다고 확장해 해석할 수 있습니다.

　관계 아프리오리와 더불어 마르틴 부버는 존재하는 모든 것에는 궁극적인 실체인 하나님의 분깃이 스며들어 있다고 합니다. 이는 주자학의 일이분수一理分殊에 견주어 이해할 수도 있습니다. 일이분수는 "본래 하나의 태극太極만이 있는데 그것이 만물의 각각에 품수되어 더욱 각각의 만물은 다 하나의 태극을 구비한다. 마치 하늘에 달이 오직 하나만 떠 있는 것과 같다. 강과 호수는 흩어져 있지만 달은 여러 곳에서 보이는데 달이 이미 나누어졌다고 말할 수 있겠는가"처럼 월인만천月印萬川의 비유를 통해서 설명할 수 있습니다(『朱子語類』 권94).

　이처럼 태극(=理)은 모든 사물의 존재원리이며 최고 표준임을 가리키고, 이 태극을 얻어 생성된 인간을 포함한 모든 사물의 이理는 각 사물이 가장 완전한 상태를 발현해 드러내는 표준임을 시사합니다. 이를 기독교적으로 이해한다면 하나님의 선한 창조 질서가 모든 영역에 스며들어 있다는 것이지요. 따라서 마르틴 부버는 모든 존재는 그 존재 나름의 고유한 가치가 있으며, 그 가치를 개별적으로 분석해 의미를 부여해서는 안 된다고 합니다. 다시 말하면 다가오는 대상 그 자체를 있는 그대로 받아들일 때, '나-너'의 관계가 성립함과 동시에 영원한 너인 하나님을 인식하게 된다는 것이지요.

어쨌든 마르틴 부버가 주장하는 근원어로서 '나-너'의 관계가 세계와 맞닿을 때 가능한 것은 남을 맞아들일 수 있는 혼의 꼴틀[鑄型]이 존재하고, 모든 개별자에게 하나님의 분깃이 스며들어 있기 때문입니다.

모든 인간은 타인을 너로 받아들일 준비태세가 갖추어진 나로 하나님의 분깃이 스며들어 있는 유일무이唯一無二한 존재입니다. 나뿐만 아니라 다가오는 대상도 그 대상의 입장에서 보면 나가 됩니다. 그래서 '나-너'라는 표현이 나의 관점에서 한 것이라면 대상의 쪽에서는 너-나가 되겠지요. 내가 너가 될 때 만남은 이루어지고 그 사이에는 어떤 관념도 어떤 의도도 욕망도, 어떠한 예측도 뚫고 들어갈 수 없습니다(마르틴 부버, 『나와 너』). 결국 만남이란 너가 현존하는 현재입니다.

이제 '나-너'의 관계에서 만남이 어떻게 이루어지는지를 〈리멤버 타이탄〉의 장면을 통해서 확인해봅시다.

영화는 1971년 미국 버지니아주의 알렉산드리아라는 도시를 무대로 실화를 바탕으로 한 스포츠 영화입니다. 백인과 흑인의 인종차별로 일어난 살인사건을 계기로 백인 학교인 윌리엄스고등학교가 백인과 흑인의 통합 고등학교가 되면서 흑인과 백인 혼합 풋볼팀이 만들어져 수석 코치로 허먼 분이라는 흑인이 학교에 부임합니다. 이 팀의 이름은 타이탄입니다. 전임 수석 코치인 백인 빌 요스트가 수비 담당 코치가 되면서 갈등이 시작됩니다. 어쨌든 '나-너'의 관계를 통한 만남을 이해할 수 있는 장면을 먼저 소개하겠습니다.

전지훈련에서 호된 훈련을 마치고 식당에서 꿀맛 같은 점심을 먹는 장면입니다. 백인 선수는 백인 선수끼리 흑인 선수는 흑인 선수끼리 자리를 잡고 서먹서먹한 식사시간이 시작됩니다. 뒤늦게 도착한 라스틱은 흑인 선수의 리더인 수비수 줄리어스 캠벌의 앞자리에 앉습니다. 당황한 캠벌은 라스틱을 보고 "뭐하는거야" 하면서 말을 내뱉지요. 라스틱은 당연하듯이 "점심 먹으려고"라고 천연덕스럽게 대답합니다. 캠벌은 어이가 없다는 표정으로 "점심 먹는 건 알겠는데 왜 여기서 먹느냐고.

왜 너희 편이 있는 저쪽에 가서 먹지 않지"라도 되묻습니다. 이어 라스틱은 "내가 편이 어디 있어. 나는 누구 편도 아니야"라면서 아무런 일이 없다는 듯이 대답합니다. 라스틱은 거구이며 대학교에 진학할 수 있는 C점수에 미치지 못해 대학교 진학을 포기한 학생입니다. 풋볼을 계속할 생각도 없고, 다만 태클을 해볼까 하는 생각에서 풋볼 팀에 지원했다고 솔직하게 고백합니다.

분 수석 코치는 라스틱을 불러내어 흑인 룸메이트에 대해 아는 대로 말해보라고 합니다. 라스틱은 자신의 룸메이트 블루와가 표범 무늬 속옷을 입고 있는 것뿐만 아니라, 다른 흑인 선수가 어떻게 생활하는지를 잘 압니다. 밥을 함께 먹었던 제리 해리스가 기도를 입에 달고 살지만 욕을 많이 하고, 우등생인 해리스와 자기가 좋아하는 노래가 템테이션이라는 등등. 여기서 우리는 라스틱과 해리스 사이에는 흑인과 백인이라는 인종 차별도, 공부를 잘하고 못하는 것에 대한 비교의식도, 종교에 대한 신념의 갈등도 없음을 짐작할 수 있습니다. 라스틱과 해리스 사이는 '나-너'의 관계에서 만남이 이루어지는 터전이며 '너'가 현존하는 현재입니다. 이를 도식으로 표시하면 다음의 그림과 같습니다.

여기서 잠시 무신론자 실존주의 철학자인 장폴 사르트르

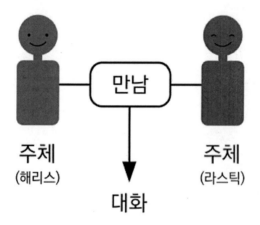

의 대자존재라는 개념으로 해리스와 라스틱의 관계를 설명해보지요.

장폴 사르트르는 이 세계에 존재하는 것을 두 영역으로 구분하는데, 그 존재 구분의 기준은 의식의 유무입니다. 달리 말하면 의식을 가진 존재로서 인간과 의식을 가지지 못한 존재로서 사물이지요. 그래서 인간을 대자존재로 사물을 즉자존재로 규정합니다. 그런데 인간만이 의식을 통해서 다른 존재와 관계를 맺습니다. 자신의 스마트폰의 터치가 부드럽지 않을 때, 스마트폰의 고장을 알기 위해서 우리는 이미 스마트폰을 향해 있으며, 스마트폰에 대한 의식을 갖고 있습니다. 장폴 사르트르는 이와 같이 의식이 다른 존재와 관계를 맺음을 의식의 '지향성'이라는 개념으로 설명합니다.

인간은 의식의 지향성의 구조를 채워 가야만 합니다. 마치 사격수가 표적을 겨냥해 정조준하고 방아쇠를 당기듯이 인간의 의식은 자신의 지향성의 구조를 무엇인가로 채우기 위해서 이 세계에서 무엇인가를 겨냥하고 잘라내는 작용을 해야만 하는 존재입니다. 그렇지 않으면 의식하는 존재라는 인간의 정체성을 상실해 불안감에 싸이게 됩니다. 그리고 의식의 지향성의 구조를 채우면, 그것에 대해서 인간은 의미를 부여하게 됩니다. 의미를 부여하면 인간은 자신의 존재양식인 의식의 지향성의 구조를 채우기 위해서 다시 필요한 무엇인가를 확보해야 합니다. 그래서 인간은 잠시라도 의식을 비어둔 채로 있을 수 없는 것이지요. 다시 말하면 인간은 죽을 때까지 비어 있는 자신의 의식에 무엇인가를 채워가야 하는 존재에서 벗어날 수 없습니다(변광호, 『장폴 사르트르 시선과 타자』, 살림, 2014).

다시 영화 이야기로 돌아가지요. 백인팀 주장인 케리의 절친한 친구 딘은 끝까지 흑인 동료에 반감을 갖고 팀플레이에 전혀 동조하지 않습니다. 식당에서 라스틱을 학생 앞에 내세워 라스틱이 얼마나 흑인 선수들과 조화를 이루는지를 확인시킨 분 수석 코치는 선수들에게 "지금부터 매일 피부색이 다른 동료를 찾아가서 가족 이야기나 좋아하는 것과 싫어하는 것에 대해서 알아 가지고 오라. 동료 전부를 찾아가 본 후 내게 보고하라"고 명령합니다.

만약 딘이 수석 코치의 명령을 거부했다면, 그의 행동은 장폴 사르트르에 의하면 자신이 직면하기 싫은 괴로운 일과 힘든 일을 피하는 책임회피이며 의식의 주체로서 인간 존재의 위치를 망각하는 것, 즉 의식을 갖지 않은 즉자존재가 되는 행위가 됩니다. 달리 말하면 딘은 대자존재이면서 즉자존재가 되어 스스로를 사물화시킨 것이 되어버린 것이죠. 장폴 사르트르는 이런 사람을 "비열한 자들"이라고 부릅니다. 딘은 어쩔 수 없이 흑인 피터와 만나서 다음과 같이 질문을 합니다.

> 딘: 아버지 성함이 뭐냐? 아버지가 있긴 하냐?
>
> 피터: 아버지는 있어. 이름은 에릭이야.
>
> 딘: 직업이 무엇인데? 설마 백수는 아니겠지.

딘과 피터 사이의 무덤덤한 대화는 영혼이 없고 딘의 질문은 피터를 무시하는 행위로, 마르틴 부버의 말을 빌리면 나중에 기술하겠지만 '나-그것'의 관계입니다. 서로가 서로를 그것, 즉 상대를 사물화하는 것입니다. 이 대화는 피부색이 다른 동료의 가족 이야기 등을 알지 못하면, 하루에 3번씩 훈련해야 한다는 벌칙을 피하기 위한 수단에 지나지 않기 때문에 진정한 대화가 아닙니다. 결국 딘은 전지 훈련 기간이 끝날 때까지 팀 플레이를 하지 않습니다. 이 사실을 알아차린 주장 게리는 딘을 팀에서 제명하고 맙니다.

한편 해리스와 라스틱의 관계는 마르틴 부버의 관점에서는 1인칭으로서 '나'라는 주체와 2인칭으로 '너'라는 주체의 만남이며, 장폴 사르트르의 입장에서 해리스와 라스틱은 각자가 대자존재로서 서로 의식하는 주체끼리의 만남이 됩니다.

새벽 3시에 선수들을 기상시킨 분 수석 코치는 선수를 데리고 남북전쟁에서 5만 명이 죽었던 게티스버그 전투가 일어난 장소까지 달려갑니다. 그는 숨이 차 헐떡거리는 선수들에게 다음과 같이 말합니다.

그때 그들이 했던 전쟁을 지금 우리도 하고 있다. 이 푸른 초원이 피로 붉게 물들었다. 새파란 청춘의 붉은 피로 말이다. 총알이 비 오듯 쏟아지는 속에서 목숨을 걸고 싸웠다. 그들의 영혼의 소리를 들어라. "난 원함을 품고 내 형제를 죽였습니다. 증오가 우리 가족을 망쳤습니다." 들어라, 이들의 죽음을 헛되이 하지 말라. 이 숭고한 땅에 두발을 딛고 있으면서도 마음을 합치지 못한다면 우리 역시 망가질 것이다. 이들과 마찬가지로. 지금 당장 좋아하라는 요구는 하지 않겠다. 하지만 서로를 인정하는 법만 배운다면 사나이다운 경기를 할 수 있을 것이다.

"증오가 우리 가족을 망쳤습니다"라는 대사가 끝나자 카메라는 딘의 얼굴을 클로즈업합니다. 딘이 결국 팀에서 제명당함을 암시하듯이 말입니다. "서로를 인정하는 법"은 '나-너'의 만남으로, 대자존재로서 주체끼리 만남으로 이해해도 상관없을 것입니다.

게티스버그를 다녀온 이후 흑팀과 백팀으로 나누어 연습하는 도중 흑팀인 게리와 캠벌이 공격하는 데 백팀인 딘은 일부러 블로킹을 하지 않아 백팀의 수비가 뚫리고 맙니다. 이를 목격한 게리는 딘에게 달려가 헬멧을 쓴 머리를 헬멧으로 박으면서 "뭐 하는거야 레이(딘) 그건 블로킹이 아니야." 이에 당황한 딘은 "왜 이러는거야"고 말합니다. 이에 케리는 "왜 이러냐고? 쥴리어스(캠벌)랑 내가 레브 앞까지 한번만 뚫리기만 해봐라. 그랬다간 넌 내 손에 작살날 줄 알아. 알아들었어" 하고 딘을 밀어냅니다. "쥴리어스랑 내가"라는 게리의 말은 지금까지 티격티격 거리면서 싸웠던 캠벌을 한 팀의 동료로 받아들이겠다는 의지의 표시입니다. 다시 시작된 훈련에서 캠벌과 게리는 서로 어깨를 치면서 '왼쪽이야, 오른쪽이야'를 반복하면서 외치고 머리를 맞대고 소리를 치릅니다. 이를 계기로 팀은 하나가 됩니다.

훈련을 마치고 학교로 돌아오는 버스 안은 훈련을 떠날 때의 냉랭했던 분위기와는 정반대로 학교 전체가 울려 퍼지도록 흑인과 백인 할 것 없이 모두 손뼉을 치며 '헤이 헤이 굿바이'를 불러댑니다. 버스를 기다렸던 백인 부모들은 "어떻게 된 거지? 세뇌라도 시켰나?", "약이라도 먹였나" 하면서 의아한 반응을 보입니다. 수비 코치로 강등된 빌 요스트 백인 코치도 분 수석 코치 가족에게 인사를 건넵니다.

하나가 된 타이탄 팀은 지역 예선 경기에서 전승으로 우승하고, 우승 페레이드를 펼칩니다. 게리는 줄리어스와 헤어지고 혼자 차를 운전하고 축하하는 사람들 사이를 스쳐갑니다. 그를 알아본 사람들이 게리를 외칩니다. "게리 넌 최고야"라는 팬을 향하여 한 손으로 가리키며 응답하다 게리가 그만 엑셀을 밟아 차는 달려오는 트럭과 충돌해 게리는 병원에 입원하게 됩니다.

뒤늦게 병원에 도착한 캠벌은 병실에 들어갑니다. 병실에 있는 간호원이 캠벌을 보고 "가족만 면회가 됩니다"고 하자, 게리는 "보고도 몰라요. 우리는 얼굴이 닮았잖아요. 우리는 형제예요"라고 대답합니다. 게리와 캠벌 사이는 어떠한 차별과 편견도 개입하지 않는 상대방을 있는 그대로 받아들이는 관계입니다. 이 사이에는 "슬기로운 사람도 미련한 사람도, 어여쁜 사람도 못생긴 사람도 한결같이 진실된 존재로만 느껴지는" 사랑이 존재합니다(마르틴 부버, 『나와 너』). "우리가 이런 사랑 안에 머물러 있으면서 사람을 바라볼 때에는 사람은 그 하나하나가 자유롭고 유일무이唯一無二한 존재요, 또한 하나의 '너'가 되어 내 앞에 어엿하게 서있는 인격으로 나타날 것이다. 그러할 때 '나-너'의 관계만이 가질 수 있는 그 특이한 독존성이 나타나고, …… 이때라야 비로소 사람은 남을 돕고, 고치고, 가르치고, 높이고, 건질 수 있게 되는 것"입니다(마르틴 부버, 『나와 너』).

둘만의 병실에서 오고가는 게리와 캠벌의 대화에는 사랑이 존재함을 짐작하기에 충분합니다.

    게리: 난 네가 두려웠어, 줄리어스! 난 두려운 것만 생각했어. 하지만 이제 보니 난 내 형제를 미워한 거야.
    캠벌: 나도 할 이야기가 있어. 나중에 우리 어른이 되면 나란히 붙은 집을 사서 살자. 그리고 같이 늙어서 뚱보 아저씨가 되는 거야. 그 때쯤에는 피부 색깔 같은 것은 아무런 문제도 안 되겠지.
    게리: 왼쪽이야
    캠벌: 오른쪽이야

이들의 대화는 게리와 캠벌이 모두 "'나-너'에서의 '나'는 인격Person으로 모습을 나타내면서(종속적인 속격[屬格]을 지니고 있지 않은) 주체성으로서 자기를 의식"하고 있음을 엿볼 수 있습니다(마르틴 부버, 『나와 너』).

타이탄 팀은 고교풋볼 결승전에서 30년간 250승을 자랑하는 에드 헤리스와 대결에서 극적인 역전승을 거두고, 주 우승을 차지하며 전국 고교 2등에 오르게 되는 쾌거를 달성합니다. 그리고 반신불구가 된 게리는 국가대표가 되어 장애인 올림픽에 두 번이나 참석하는 등 장애를 극복하면서 적극적인 삶을 보냈지만, 불행하게도 1981년 음주 운전 차량과 충동해 사망했습니다.

이제부터는 '나-그것'의 관계를 읽어낼 수 있는 영화의 장면을 소개하겠습니다.

나와 그것의 사물관계

'나-너'에 대한 또 다른 근원적 언어가 '나-그것'입니다. '나-그것'은 1인칭인 내가 3인칭의 사물인 그것을 냉냉하게 바라볼 때의 근원적 언어입니다. '나-그것'이 이야기되므로 열려지는 세계는 나와 사물의 세계입니다. 그래서 '나-너'에 대비되는 '나-그것'은 사람을 소유물로서 대상화하는 태도이지요.

나와 세계(인간, 자연, 궁극적인 실체)와 관계에서 '나-그것'이 건네질 때 내 주의에 있는 모든 것이 그것 곧 사물이 되기 때문에 자신은 타자를 포함한 세계와 떨어져 고립된 내가 됩니다. 즉 "'나-그것'에서의 '나'는 고립된 개아個我, Eigenwesen로서 모습을 나타내고(물건을 경험하고 이용하는) 주관으로서 자기를 의식"하게 됩니다(마르틴 부버, 『나와 너』). 더욱 "개아는 다른 개아와 자기를 구별하고 그 다름을 통하여서 비로소 자기의 모습을 나타내는 것으로, 자연적 분리를 나타내는 정신의 형식"입니다(마르틴 부버, 『나와 너』). 그래서 고립된 나는 자신을 중심으로 세계가 돌아간다고 생각하게 됩니다. '나-그것'에서 '나'는 타자를 그것으로 바라보지만, 자신 역시 타자로부터 그것으로 여겨지는 것입니다. '나-그것'의 관계 선상에 서 있는 인간은 자신에게 이익이 되지 않는 것에는 흥미도 없을 뿐 아니라 타자도 포함한 모든 것을 '그것'으로 경험하고 '그것'으로써 이용하는 것이지요. 그래서 서로가 단순한 부품이 되어 이기적인 행동을 하게 되는 것입니다. 이상의 내용을 도식으로 표시하면 옆의 그림과 같습니다.

다시 영화 속으로 들어가지요.

타이탄은 인종차별이 심했던 1970년대 버지니아 지역에서 정치적으로 만들어진 백인과 흑인이 혼합된 팀입니다. 그래서 처음부터 편견과 차별, 그리고 무시, 무관심, 증오, 두려움 등으로 둘러싸인 불협화음의 팀이었습니다. 이런 불협화음의 팀을 조화롭게 하여 완벽함을 추구하는 강한 팀으로 만들기 위해 새로 부임한 허먼 분 수석 코치는 2주간 게티스버그대학교로 캠프를 계획합니다.

캠프로 떠나는 날, 선수들은 흑인은 흑인끼리 백인은 백인

나 — 그것

주체   객체 (그것)
(그것) 객체   주체

'그것' 만으로
살아가는 사람은
인간이 아니다

끼리 나누어 차에 탑니다. 이를 본 분 수석 코치는 모든 선수를 차에서 내리게 하고 "피부색이 검든, 하얗든, 퍼렇든, 오렌지든 수비 선수끼리 공격 선수끼리 나누어 탑승하라"고 명령합니다. 백인과 흑인이 함께 앉고, 옆에 앉은 사람이 룸메이트가 되니 친하게 지내라고 지시합니다.

훈련장으로 떠나는 차 안은 앞만 쳐다보는 선수들의 서먹서먹한 분위기로 어색한 감이 감돕니다. 이때 흑인 블루는 노래를 부르면서 흑인 선수들을 북돋우려고 합니다. 그때 흑인 선수의 리더인 캠벌 줄리어스는 "블루, 닥쳐. 버스에서 히죽거리며 깽깽거리는 소리 듣기 싫어"라고 하면서 블루를 나무랍니다. 옆에 앉아 있는 이 팀의 유일한 국가 대표 선수이며 백인의 리더인 게리가 빈정거리며 "말 한번 잘했군"이라고 하자, 캠벌은 바로 "너도 입 닥쳐"라고 내뱉습니다. 둘이 서로 쩨려보는 장면이 클로즈업되다가 게티스버그대학교에 도착한 선수들이 대학 건물로 들어가는 화면으로 바뀝니다.

같은 방을 배치 받은 게리와 캠벌. 캠벌은 자기가 가져온 포스터를 벽에 붙힙니다. 이를 보자 게리는 투명스럽게 "난 그런 것 보기 싫으니까 떼어내"라고 합니다. 이후의 대화는 다음과 같습니다.

캠벌: 그럼 눈을 감으면 되겠네. 넌 네 벽을 보고 살아. 난 내 벽만 볼 테이니까.

게리: (누운 자리에서 벌떡 일어나 캠벌에게 다가가) 어딜 보든 내 맘이야. 난 2주 동안이나 그딴 걸 보고 싶지 않아.

캠벌: (비아냥거리며 등을 돌리면서) 그럼 어디 가서 슈퍼맨의 투시력이나 배워 오시지. 난 절대 뗄 수 없으니까.

둘은 주먹질을 하면서 싸웁니다. 기숙사 전체가 흑인 대 백인의 싸움터가 되어 버렸지요.

게리와 캠벌의 사이는 굳이 설명하지 않아도 '나-그것'의 관계이지요. 그래서 게리와 캠벌은 개아로서 내 것에 집착하게 되는 것이고요. 달리 말하면 백인인 게리는 백인의 취향, 백인의 생각, 백인의 문화 등에 집착해 다른 것과 구별을 통해 자신만을 주체로 간주하고 마음대로 모든 것을 자신을 위해 이용할 수 있는 대상으로 생각하는 개인입니다. 물론 흑인인 캠벌도 게리와 동일하게 흑인의 것에 집념하는 주체로서 개인입니다. '나-그것'의 관계의 선상에 있는 '나'는 개아로서 주체이며, 인간이기보다는 개인이기 때문에 '나-너'에서 '나'가 인격으로서 인간인 것에 비해서 사람의 인간성 안에 스며들어 있는 인격은 지하적地下的 존재로 수면 밑에 침식되어 드러나지 않게 되는 것입니다(마르틴 부버, 『나와 너』). 그래서 게리와 캠벌은 인격적 만남을 이룰 수 없게 되어 싸우게 되는 것이고요.

게리와 캠벌이 서로 무시하며 대립하는 모습은 장폴 사르트르의 즉자존재라는 개념을 이용해 설명할 수 있습니다.

장폴 사르트르는 앞서 언급했듯이, 존재를 의식의 유무에 따라서, 즉 질문할 수 있는 존재와 질문할 수 없는 존재로 나눕니다. 전자는 의식하는 대자존재, 후자는 의식이 없는 사물로서 즉자존재입니다. 게리가 캠벌을 그리고 캠벌이 게리를 무시하는 것은 서로가 상대를 사물화한다는 것이지요. 다시 말하면 게리와 캠벌에서 사물화는 일방적인 것이 아니라 쌍방향적입니다. 이런 상황은 장폴 사르트르의 대자존재와 즉자존재로는 설명할 수 없습니다. 그래서 장폴 사르트르는 대자존재와 즉자존재를 이용해 이 세계의 존재를 인간과 사물의 두 영역으로 구분하고, 인간의 범주를 나와 타자라는 영역으로 구분하게 됩니다. 그리고 타자를 나의 대타존재로서 존재의 제 3영역으로 시선이라는 개념을 도입합니다. 사르트르는 인간을 신의 지적 디자인에 인한 존재임을 부정하고, 스스로 미래로 투기하면서 스스로 창조해가는 존재, 즉 탈자존재라고 규정합니다. 이것이 실존주의의 제1원리이며, 주체성입니다. 그러나 탈자존재인 인간은 바라보인 나의 존재로서 나의 즉자존재가 되어 나의 가능성이 아닌 그 누군가의 가능성에 의해 크게 좌우됩니다(변광호,『장폴 사르트르 시선과 타자』).

만약 게리의 시선에 강탈을 당한 캠벌이 자유로운 대자존재임을 상실하고 사물로서의 즉자존재가 되었다면, 그것은 타자로부터 시선을 받을 때 자신이 대상화되어 사물이 되어버린다고 느낀다는 것입니다. 그래서 게리의 시선에 캠벌이 짓눌려 아무런 반응도 하지 않는다면, 캠벌은 게리의 시선에 주체성을 잃고 객체화되어 즉자존재로 감등되어 스스로를 사물화시킨 것이 되지요.

어떤 의미에서 게리와 캠벌의 싸움은 사물화됨을 거부하는 행위이며, 시선과 시선의 부딪침입니다. 달리 말하면 서로 자신은 사물이 아니며 의식하는 존재임을 어필하는 것이지요. 이처럼 시선을 끊임없이 서로 되돌려주는 행위를 상극相剋이라고 합니다(변광호,『장폴 사르트르 시선과 타자』). 그래서 인간관계는 상극, 즉 자기 어필의 연속이어서 인생은 이 상극에서 벗어날 수가 없는 것입니다.

여기서 대자존재, 즉자존재, 시선을 이용해 게리와 캠벌의 대립관계를 도식화함으로써 일어날 수 있는 정황을 예측해봅시다. 화살표는 시선을 의미합니다.

1. 게리와 캠벌은 의식을 갖고 있는 대자존재

        게리(대자존재)   캠벌(대자존재)

2. 게리의 시선에 맞서질 못하는 캠벌

        게리(대자존재) ⟶ 캠벌(즉자존재)

3. 캠벌의 시선에 맞서질 못하는 게리

        게리(즉자존재) ⟵ 캠벌(대자존재)

4. 게리와 캠벌이 상대에게 시선을 되돌려 주는 모습

        게리(대자존재) ⟷ 캠벌(대자존재)

4의 경우가 상극이며 이를 좀 더 자세히 도식으로 나타내면 다음과 같다.

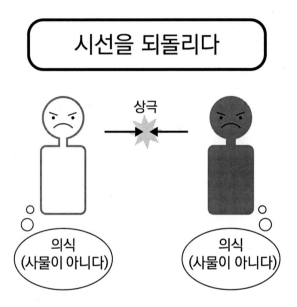

이 싸움은 '실존이 본질에 선행하는' 존재, 즉 흑인은 이런 존재이고, 백인은 이렇게 살아가야 한다고 하는 등의 본질이 결정된 것이 아니라, 인간은 피부색이나 이념이나 출생에 상관없이 이 세상에 던져져 있는 무한한 자유와 이에 대한 무한한 책임을 갖고 있는 탈자존재임을 어필하는 과정이라고 해석할 수 있습니다.

결국 〈리멤버 타이탄〉을 통해서 '나-그것'의 관계에서 '나-너'의 관계로 대화적 인간관계에로 회복되는 과정을 엿볼 수 있었습니다.

지금까지 마르틴 부버의 '나-너'와 '나-그것'라는 근원어를 통해서 진정한 만남이 무엇인지 살펴보았습니다. 근원어를 도식으로 간단히 나타내면 옆의 그림과 같습니다.

마르틴 부버는 인간의 존재를 개인주의와 집단주의라는 두 렌즈로 재단하는 인간관에 메스를 가하며 인간의 전체성을 파악하기 위해서 사이[間]의 영역을 제시합니다. 그에 의하면 실존이란 독립한 한 사람의 개인도 아니며 사회 전체도 아닙니다. 인간은 함께 살아가는 사람과의 관계를 유지하면서 살아가는 사이로서 실존이지요. 이 사이는 다음 도표에서 화살표인 ┅┅▶ 과 ┅┅▶ 입니다. 즉 '나-너'에서의 '나', '나-그것'에서의 '나'를 통해 인간 존재의 의미를 찾으려고 한 것이지요.

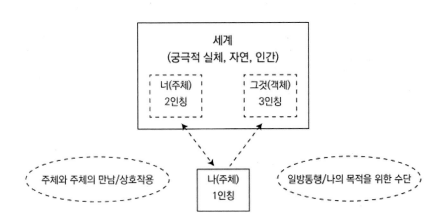

혼밥(혼자 밥먹기), 혼술(혼자 술먹기), 혼행(혼자 여행하기)이 상징하는 나홀로 문화의 확산은 개인주의 확산과 SNS을 통한 소통이 주된 원인이라고 합니다(현봉철, 「혼밥·혼술·혼행…1인 문화가 뜬다」, 《제주일보》 2016년 10월 23일). 개인주의는 자신의 사생활을 즐기기만 하면 그것으로 상관없고, 사람들과 공공 생활은 무시해도 좋다고 하는 사고방식과 라이프 스타일을 의미합니다. 이런 개인주의는 타자 감각이 없고, 타자를 소중히 여기는 생각은 물론 타자와 함께 살아간다는 발상도 전혀 보이지 않습니다. 이러한 생각이 타인에게 해를 끼치지 않는다면 상관없지만, 타자에 대한 배려 부족으로 사람에게 폐를 끼치거나 불쾌감을 주는 경우에는 문제가 됩니다. 더욱 타자와의 대화 거부가 심각해져 '은둔형 외톨이'가 되고(야마와키 나오시, 성현창 옮김, 『공공철학이란 무엇인가?』, 이학사, 2011), 이를 그대로 방치해두면 자포자기 상태가 되거나 묻지마 범죄 사건 등으로 이어져 사회문제가 되는 것입니다.

타자와 더불어 사는 것에 익숙하지 않은 개인주의는 마르틴 부버가 주창하는 '나-너'뿐만 아니라 '나-그것'의 관계가 처음부터 성립하지 않고, 익명으로 괄호 안에 들어가 있는 고립적인 개인에 머물게 됩니다. 사람은 '나-너'의 관계를 맺음으로써 '너'와 더불어 현실에 참여한다는 마르틴 부버의 견해에 따르면, 타자를 무시하려는 개인주의는 서로 공유하여 나누지 않고 자기 혼자 가지려는 것으로 현실은 성립하지 않습니다. 그래서 개인주의는 사회와 점점 동떨어져 '은둔형 외톨이'가 되어버리는 것이지요. 한편 전체주의 인간관은 개인의 인권은 무시되어 하나의 물건과 같이 다루는 사태가 벌어집니다. '나-그것'에서 '나'는 전체주의에 '그것'은 전체주의 하에 있는 개인에 해당됩니다. 그래서 전체주의로서 나, 최고 권력자로서 나는 자신의 권력으로 국민 한 사람 한 사람을 일방적으로 지배하여 자신의 권력 확장을 위한 이용 수단으로 삼는 것이지요.

어쨌든 앞서 언급한 사람 냄새가 나는 쌍문동 골목길 공동체는 '나-너'의 만남이 이루어지는 터전이며, 이는 존재보다는 관계를 중시하는 케어윤리를 통해서도 확인할 수 있습니다.

부모의 보살핌, 케어윤리

지금 우리는 쌍문동 골목길 같은 곳에서 사람 냄새가 나는 이웃을 만나는 것이 하늘의 별을 따는 것처럼 소원한 일이 되었을 뿐만 아니라, 피부색과 이념과 종교가 다른 이웃은 매년 늘어나는 현실에서 살아갑니다. '다문화, 다종교'라는 말은 이미 일상어가 된 지 오래고, 한국어를 유창하게 구사하는 외국인이 출연하여 특정 주제와 안건을 토론하는 텔레비전 프로그램도 본방을 사수할 정도로 인기가 있습니다. 그뿐만 아니라 트로트를 한국사람 못지않게 감칠 나게 부르는 미국 출신의 20세 소녀도 있습니다. 최근에서는 외국인 며느리와 한국인 시어머니 사이의 이야기를 그린 다큐멘터리 프로그램도 생겼을 정도이니까요. 또 남한 총각과 북한 꽃미녀의 결혼 생활을 통해 앞으로 다가올 통일의 모습을 그린 프로그램도 있습니다. 이처럼 양지에서 긍정적인 모습으로 한국생활에 적응하는 외국인도 있지만, 음지에서 새로운 거주지인 남한사회에 적응하지 못하여 어려움을 겪는 새터민, 열악한 노동환경 속에서 인권을 짓밟히면서까지 하루 12시간 넘게 일하는 이주노동자 등이 대한민국이라는 하늘 아래에서 같은 공기를 마시며 살아갑니다.

이들 모두 우리의 이웃입니다. 특히 힘없고 의지할 곳이 없어 부당한 대우에도 호소하지 못하는 약자인 우리 이웃에게 케어윤리는 모든 인간은 똑같이 대접받아야 한다는 정의의 윤리로서, 평등이라는 잣대보다는 어떤 누구도 상처를 받아서는 안된다는 비폭력을 보편적 원리로 삼으라고 제안합니다(塩野谷祐一・鈴村興太郎・後藤玲子 編,『福祉の公共哲學』, 2009).

케어윤리의 원형은 자녀에 대한 부모의 보살핌입니다. 부모의 자녀에 대한 보살핌은 자녀의 필요에 응답하고, 자녀가 처한 상황에 바로 대응하는 행동으로 나타납니다. 그리고 부모의 자식 사이 이외에도 봉사활동과 인재의 육성도 케어가 전제됩니다. 이처럼 가정에서 이루어지는 사랑이 밖으로 계속 확장되어 타자에게 적극적으로 작용될 때, 가정 내의 사랑의 범위에서 맺어진 케어윤리는 공공 영역에서 보편화될 것입니다. 그래서 케어는 사람과 사람을 잇는 원점이며, 이질적인 타자에게 열려 있는 마음을 가져야 하므로 타자 중심적이며 이타적입니다.

케어는 먼저 타자에 대한 관심을 중시하고, 필요하다면 타자에 관여하는 것을 전제로 합니다. 타자에 대한 관여가 일어날 경우에는 타자의 반응에 응답하는 책임이 발생하지요. 그래서 케어는 타자가 직면한 입장에서 시선을 맞춘 인간상과 윤리를 강조합니다. 그리고 케어윤리는 정의의 의무보다는 이웃사랑의 의무를 바탕으로 하는 공동체의 연대성이라고도 말할 수 있습니다. 따라서 케어윤리는 아리스토텔레스의 우애, 기독교의 이웃사랑, 불교의 자비, 유교의 인애仁愛를 바탕으로 한 사회적 행위입니다.

타인이나 아이가 물에 빠지거나 길에 넘어져 생사의 위험에 처했을 때, 앞뒤를 가리지 않고 바로 구하려는 행동을 하거나 구하지 않으면 안 된다고 하는 관념이 스쳐 지나가는 것을 케어충동의 현상이라고 합니다(塩野谷祐一·鈴村興太郎·後藤玲子 編, 『福祉の公共哲學』). 이와 똑같은 예가 『맹자』에 나옵니다. 『맹자』의 예를 소개하면서 케어윤리를 지탱하는 공감의 근원이 사랑임을 확인해봅시다.

유교의 최고의 덕목인 인을 공자는 사람을 사랑하는 것, 즉 애인愛人이라고 정의합니다(『論語』,「子路」). 애인으로서 인은 맹자에 의하면, 측은지심의 뿌리로서 사덕四德, 즉 인의예지仁義禮智 가운데 한 덕목입니다.

사람마다 모두 남에게 차마 잔혹하게 굴지 못하는 마음이 있다고 하는 이유는 지금 어린아이가 우물에 빠지려는 상황을 문득 보게 되면, 모든 사람이 깜짝 놀라고 측은해 하는 마음을 갖기 때문이다. 그것은 그 어린아이의 부모와 친교를 맺으려고 하기 때문도 아니고, 동네 사람들과 친구들로부터 칭찬을 받으려고 하기 때문도 아니며, 우물에 빠지려는 아이를 보고도 구해주지 않았다는 나쁜 평판을 듣기 싫어서도 아니다. …… 측은해 하는 마음은 인의 실마리이며 수오하는 마음은 의의 실마리이며 사양하는 마음은 예이 실마리이며 시비하는 마음은 지의 실마리이다.[1)]

우물에 빠지려고 하는 어린아이를 구할 때 발현된 마음은 어떠한 상태였을까요. 이를 예측하기 위해서 두 사건을 소개하고자 합니다.

선로 위로 추락한 일본인 취객을 구하려고 뛰어들어간 이수현 씨의 사건은 2001년 일본열도를 감동의 물결로 수놓았습니다. 이수현 씨가 사망한 도쿄東京 신오쿠보新大久保 역에서 2006년 5월 22일에는 이수현 씨가 다녔던 학교에 재학 중인 유학생 신현구 씨가 이번에는 일본인 여대생을 구조했습니다. 한편 2005년 서울의 어느 한 지하철 역에서 선로에 떨어진 아이를 구한 김대현 군은 착지하자마자 두 번 만에 갔다 아이를 안고 두 번 만에 돌아오는 초인적인 모습을 보입니다. SBS의 〈그것이 알고 싶다: 마음이 움직이는 시간, 0.3초의 기적〉(2007)에서 방영된 그들의 인터뷰 내용의 일부를 소개하면 다음과 같습니다.

신현구: 본 순간 그냥 몸이 먼저 갔습니다. 무대에서 그 배우한테 스포트라이트가 비치는 것처럼 옆에는 까맣고 그 사람만 보였다고 표현해야 할까요. 아무것도 안 들어 있는 라면박스와 같았습니다.

질문: 주의 사람들이 박수쳐줄 것인가 혹은 칭찬해줄 것인가를 생각했습니까?

김대현: 아니요. 다른 곳은 안 보이고 제 발 디딜 곳과 어린아이가 있는 곳만 보였어요. 엄청나게 가벼웠어요.

우물에 빠지려고 하는 어린아이를 구할 때나 선로에 떨어진 사람을 구조할 때 발현된 마음의 상태는 똑같지 않을까요. 2,500년 전 맹자가 든 예나 서울과 도쿄 다 시간과 공간은 다르지만, 그 마음은 무조건적이고 아무런 사사로운 목적도 개입되지 않은 순수한 마음, 즉 공평무사한 상태였을 것입니다. 그 마음은 천지가 만물을 생성하는 마음, 바로 하늘의 마음[天心]이며 사랑입니다(『孟子集注』, 「公孫丑章句上」). 따라서 "이 세계는

생명을 사랑하며 그것을 양육해 살리는 마음으로 넘쳐흘러 있는 것이다. 그것이 자연의 도리이며 이 자연의 도리의 발로로서의 차마 어쩔 수 없는[不忍] 마음의 존재가 도래하여 나타나는 것이 바로 안과 밖을 하나로 하는 도리"입니다(小路口聰, 「人に忍びざるの政とは 1: 朱熹の'仁'の思想を再考する」).

하늘의 마음[天心]이 사람의 마음으로 내재화되어서 사랑을 세상에 흘러 보내는 것이 유교적 삶의 근간이 됩니다. 그래서 맹자는 인의 실천을 가족에서 사회로, 사회에서 만물로 확장해 갈 것을 주장합니다(『孟子』, 「盡心上」). 이는 자신을 미루어 남에게 미친다는 추기급인推己及人으로서 충서忠恕의 도입니다. 충서는 증자曾子가 공자의 가르침을 한마디로 요약한 말로, 충은 자기의 마음을 끝까지 열심히 다하는 것으로 자기 최선을 다하는 것이고, 서는 '같을 여如+마음 심心'으로 구성되어 남의 마음과 같다는 자의字意처럼 "자기가 하고 싶지 않은 것을 남에게 시키지 말라"로 타인에 대한 배려, 즉 케어의 정신입니다(『論語』 「顔淵」). 이는 사랑의 에너지가 능동적이고 자발적으로 드러난 것으로 마음의 동태적 면을 확인할 수 있습니다.

무조건적인 차마 어쩔 수 없는 마음의 상태는 마치 거울과 같습니다. 왜냐하면 불인지심의 마음은 무조건적인 마음의 상태로 주일무적主一無適(한 가지에 집중하는 것으로 고도의 몰입상태)으로 표현되는 경敬으로도 설명할 수 있기 때문입니다. 경은 마치 거울과 같습니다. 거울은 대상이 무엇이든지 상관없이 있는 그대로를 비추어냅니다. 따라서 인간은 하나의 생명이 목숨을 잃게 되는 장면을 목격했을 때, 그 고통에 '공감共感=공고共苦'하여 보고도 못 본 척할 수 없는 것입니다. 이것이 바로 자연스러운 이치이지요. 그래서 인간은 타자의 고통을 목격했을 때, 반성 이전에 자연스러운 마음의 움직임으로서 차마 어쩔 수 없는 마음[不忍之心]이 발동하는 것입니다. 그리고 불인지심이 도래하여 현출現出하는 그 순간에 타자와 나는 지금 여기에서 일체합니다. 같은 삶을 살아가는 이상은 타자의 아픔은 나의 아픔이기도 합니다. 자기-타자의 관계는 같은 삶을 공유하고, 같은 삶의 현장을 사는 것입니다. 따라서 그 아픔을 공고共苦할 수 있고, 연대할 수 있는 것이지요.

유교의 인애를 통해서 사랑이 사람과 사람이 이 세계에서 공생共生하기 위한 케어윤리의 원점임을 확인할 수 있습니다. 사랑은 마르틴 부버의 '나-너'의 사이를 잇는 원동력이기도 했습니다.

다음 장에서는 에리히 프롬의 『사랑의 기술』을 중심으로 사랑의 또 다른 이야기를 알아보기로 하지요.

4장

사랑

기독교의 아가페, 불교의 자비, 유교의 인仁은 각각 표현과 내용이 달라도 바로 사랑을 의미합니다. 에리히 프롬은 『사랑의 기술』에서 성숙한 사람은 어머니의 무조건 사랑과 아버지의 조건적 사랑을 자신의 내면에 간직하고 자기화하는 과정을 통해서 이루어진다고 주장합니다.

아직도 기억이 생생한 기사는 "○○○ 전 제주지검장은 지난 13일 밤 12시 45분 제주시 중앙로 인근 한 분식점 앞에서 음란행위를 한 혐의로 경찰에 현행범 체포됐다"는 내용입니다. 대한민국 사회에서 최고의 엘리트군에 속한 검사. 그것도 한 지역의 수장인 지검장은 검찰청을 대표하는 위치입니다. 그는 서울의 명문 Y대학교를 졸업한 인재였고, 수많은 사건을 담당했던 검사였습니다.

우리는 「3장 지혜」에서 생각의 여러 유형이 유기적으로 작용하면, 이성적으로 성찰하는 삶이 가치 있는 삶임을 깨닫게 하는 통로임을 일깨워줄 것이라고 했습니다. 전 제주지검장은 22년간 검사생활을 하면서 앞서 밝힌 여러 유형의 생각을 사용하여 담당한 수많은 사건을 해결했을 것입니다. 누구보다 논리적이고 비판적인 생각을 많이 했을 그가 도저히 상상할 수 없는 음란행위를 왜 길거리에서 했던 것일까요.

여기서 우리는 이성이 아닌 또 하나의 무엇인가가 인간의 행위를 통제하고 있음을 짐작할 수 있습니다. 그것은 무엇일까요. 우리 마음에 안경이 있다고 가정해봅시다. 내 자신의 마음의 안경뿐만 아니라 타인의 마음의 안경이 어떻게 생겼는지 우리는 확인할 수 없습니다. 만약 내 마음의 안경의 렌즈가 빨간색이라면 세상은 빨갛게 보이겠지요. 친구의 마음의 안경의 렌즈가 파랗다면 친구에게 세상은 파랗게 보일 것입니다. 또 빨주노초파남보의 무지개색 렌즈의 안경을 쓴 사람에게는 세상은 어떻게 보일까요. 형형색색으로 보일까요. 아니면 무지개색을 섞으면 검은색이 되니 검게 보일까요. 어쨌든 세상은 크게 변한 것이 없는데, 마음의 안경의 렌즈의 색깔에 따라 세상은 검게도 파랗게도 빨갛게도 보입니다.

전 제주지검장의 변호사는 노출증에 의한 전형적인 공연음

란죄에 해당하는 바바리 맨과 달리 그의 행위는 범행 당시 오랫동안 성장 과정에서 억압된 분노감으로 비정상적인 본능적 충동이 폭발해 이성적 판단이 제대로 작동하지 못해 욕구가 잘못된 방향으로 표출된 정신 병리현상인 '성선호성 장애' 상태였다고 합니다. 변호의 말이 받아들여졌는지 그는 치료를 성실히 받는다는 조건으로 기소유예 처분을 받았습니다. 어이없는 일이지만 그는 지금 변호사로 활동하고 있습니다.

그래서 이 장에서는 지적 성숙뿐만 아니라 심적으로 성숙한 사람이 되려면, 부모의 사랑이 얼마나 중요한지를 확인하고자 합니다. 에리히 프롬의 『사랑의 기술』을 기본 텍스트로 하여 부모의 사랑이 성숙한 사람이 되는 밑거름이 됨을 확인하고, 이를 호주의 천재 피아니스트 데이비드 헬프갓의 실화를 다룬 영화 〈샤인〉에 적용해보기로 하지요.

엄마의 무조건 사랑과 아버지의 조건부 사랑

갓난아이는 탄생 이전 자궁 안에서 엄마와 공생적 황홀감에 빠져 있어 음식과 따뜻함 등을 수동적으로 받아들이는 상태입니다. 이런 황홀감에 빠져 자궁 안에만 머물려고 한다면 배 속 아이는 물론 엄마의 생명은 위험하게 됩니다. 배 속 아이는 공생적 황홀감에서 벗어나서 세상의 빛을 봐야 할 운명입니다. 이 운명은 갓난아이에게 죽음이라는 공포를 가져다줍니다. 달리 말하면 엄마 배 속에 있을 때 알았던 평온한 세상이 갑자기 산산조각이 났다는 원초적 불안을 안고 태어난다는 것이지요. 이 시기의 불안과 공포를 줄일 수 있는 것은 다름이 아닌 엄마의 무조건적인 사랑입니다. 그래서 엄마는 아기를 정신적으로 탄생시키는 인큐베이터이며, 연금술사이며, 우주라고 말합니다. 3살에서 5살까지 갓난아이에게 엄마의 무조건적인 사랑은 절

대적입니다. 이 시기의 아이는 사랑받기 위해 존재하는 엄마의
자식일 뿐입니다.

무조건적인 엄마의 사랑은 "지복至福이고 평화이며, 획득할
필요도 없고, 보상할 필요도" 없습니다(에리히 프롬, 황문수 옮김,
『사랑의 기술』, 문예출판사, 2004). 그러나 지극히 행복하고 평화롭
고 보상이 필요가 없는 엄마의 무조건적 사랑이 없다면, 아이
에게는 세상의 모든 아름다움이 사라지는 절박감에 빠지고 맙
니다. 그래서 무조건적 사랑은 선과 악, 흑과 백이라는 이분법
적 세계관을 갖게 하는 부정적인 면을 갖고 있습니다. 만약 엄
마의 무조건적인 사랑이 결핍되었다면, 세상이 이분법적으로
나누어진다고 믿는 유아적 단계의 세계 인식에 머물러 이분법
적 세계관으로 세상을 바라보게 됩니다. 이를 차단하려면 아이
가 엄마에게 분리되어 독자적인 개인으로 성장하는 3년까지,
엄마를 온전히 독차지해 엄마와 일대일 관계 속에서 공생적 황
홀감을 맛보게 해야 합니다. 그래서 이 시기에는 "지성적이고,
교양 있고, 합리적이고, 이성적이고, 도덕적인 등등의 미덕을
가지고 있는 엄마보다는 동물처럼 원시적인 모성애를 가지고
있는 엄마가 더 낫다는 말이" 있습니다(김형경, 『천개의 공감』, 한겨
레출판, 2007). 경험적인 엄마의 무조건적이고 긍정적인 관심은
아이의 건강한 성격을 형성하는 에너지가 됩니다. 그러나 이

시기에 엄마와 정서적 상호작용이 잘 이루어지지 않으면, 아기의 참자기는 갖추어지지 않게 됩니다.

한편 아이는 결국 분리된 독립적인 인간이 되어야 합니다. 그래서 모성애는 아이가 분리되어 성장하도록 후원해야 합니다. 다시 말하면 그녀에게서 떨어져 나가도록 해야 합니다. 이제부터 아이는 아버지의 권위와 지도하에서 자신에게 던져지는 사회적 문제를 처리할 수 있는 능력을 배우게 됩니다. 그리고 아버지의 조건부 사랑은 위협적이고 권위적인 것이 아니라, 인내와 관대함이어서 아이는 아버지의 조건부 사랑을 통해서 원칙과 기대를 배우게 됩니다.

서로 모순되는 어머니와 아버지의 사랑을 충분히 받은 사람은 이러한 두 양심을 모두 가지고 사랑합니다. 달리 말하면 어머니다운 양심은 사랑의 능력을 간직하게 하고, 아버지다운 양심은 합리적인 이성과 판단을 하게 합니다. 따라서 성숙한 사람은 어머니다운 양심과 아버지다운 양심을 내면화하여 자기화하는 사람입니다(에리히 프롬, 『사랑의 기술』).

이제부터는 호주의 천재 피아니스트 데이비드 헬프갓의 실화를 다룬 영화 〈샤인〉을 통해 성숙한 사람에 이르는 과정을 가늠해보지요.

아버지의 권위에서 벗어난 자리를 감싸주는 엄마의 사랑

데이비드 헬프갓의 아버지 피터는 엄격하고 독선적인 성격에 가족이 다 학살을 당한 유대인입니다. 그래서 그는 남달리 가족에 대한 집착이 심합니다. 먼저 헬프갓과 아버지의 관계를 엿볼 수 있는 장면을 소개해보지요.

아버지와 아들이 체스를 두는 평범한 일상의 한 장면입니다. 창밖을 내려다보는 아버지에게 아빠 차례를 알리자, 아버지 피터는 식탁에 가까이 와서는 "어디 보자, 그래" 하고 미소를 짓고 콧노래를 부르면서 "네가 또 지겠구나, 또 지겠어"라며 과장된 모습을 보입니다. 그러나 바로 "데이비드, 항상 이겨야 돼, 이겨야지 내가 너만한 나이일 때 바이올린을 샀단다, 아주 멋진 무척 아꼈는데, 어떻게 된 줄 알지?" 아버지 얼굴을 바라보고 "네 박살났어요"라고 말하는 데이비드의 얼굴을 피한 피터는 마음을 가다듬고 다시 데이비드를 보며 눈을 부릅뜨고 주먹을 불끈 쥐고 "그래, 박살났지" 하며 식탁을 쳐 피스가 떨어집니다. "데이비드, 너는 운이 좋은 거야. 할아버지는 음악을 싫어하셨단다." 이미 잘 안다는 표정으로 "알아요"라고 데이비드는 대답합니다. "너는 운이 좋아, 말해봐"라는 아버지의 물음에 데이비드는 아빠 얼굴을 똑바로 쳐다보면서 "저는 운이 좋은 애예요"라며 아버지를 안심시키는 말투로 대답합니다. "아주 좋아"라는 아버지의 말에 안도의 한숨을 쉬면서 "연주해드릴까요?"라고 데이비드는 대답합니다.

이 장면에서 우리는 아버지 피터에게 음악, 특히 바이올린을 칠 수 없게 된 것에 대한 자신의 아버지를 향한 분노가 있음을 짐작할 수 있습니다. 그의 분노는 바이올린을 켤 수 없는 박탈감일 것입니다. 그 박탈감을 피아노를 잘 치는 아들에게 보상받는 듯합니다. 그러나 동네를 돌아다니며 빈 병을 주을 만큼 가정 형편이 어려워 제대로 피아노 레슨을 시키지 못했습니다. 그래도 아들은 집에 피아노가 있어 피아노를 언제나 칠 수 있으니 아버지 입장에서는 아들이 운이 좋은 것이지요.

경연 대회에서 우승한 데이비드는 미국으로 유학을 갈 기회를 얻었습니다. 마침내 초청장이 배달되어 기뻐하며 동생들과 들떠 있는 데이비드의 손에 있던 초청장을 피터는 빼앗아 벽난로 집어넣습니다. 보통 가정이라면 엄마가 아버지의 그런 행동을 저지하거나 나무랄 텐데, 데이비드의 어머니는 이유가 뭐냐고 소극적으로 화를 내고 다림질을 할 뿐입니다. 자신의 가족이 모두 학살당한 아픈 기억 때문일까요. 데이비드가 유학을 가는 것을 반대하는 이유는 피터의 가족에 대한 병적 집착 때문입니다. 초청장을 벽난로 집어넣고 "어떤 사람도 이 가족을 떠날 순 없다. 난 네 아빠로서 뭐가 최선인지 안다. 난 네 아버지이고 우린 다 네 가족이야." 피터의 이 말은 가족이란 가면으로 아들을 속박하는 모양새입니다. 권위적이고 가부장적인 피터. 소극적이고 거의 방관적인 엄마.

앞서 언급했듯이 에리히 프롬에 의하면 성숙한 사람은 어머니다운 양심과 아버지다운 양심을 내면화해 자기화하는 사람입니다. 어떤 의미에서 데이비드의 어린 시절은 일방적으로 아버지의 권위적이고 조건적인 사랑에 편중되었다고 할 수 있습니다. 복종은 아버지 사랑의 본성이 지닌 주요한 덕이지요. 그래서 데이비드는 아버지의 사랑을 잃지 않으려고, 아버지 말에 무조건적으로 복종합니다. 그리고 아버지의 사랑의 원칙은 아들은 나를 닮았고, 아들이 나의 기대를 충족해주기 때문에 아들을 사랑한다는 것입니다. 나중에 언급하겠지만 데이비드가 영국으로 유학을 떠나자 피터는 집을 떠나면 절대로 돌아올 생각을 하지 말라면서 자식으로 받아들이지 않겠다고 선언합니다. 그리고 데이비드이 각종 대회에서 상을 탄 사진과 기사가 실린 신문을 스크랩한 것을 찢어 불태워버립니다. 비록 데비이드가 아버지를 떠나 영국으로 갔지만, 그에게는 아버지의 기대하는 바를 달성하지 못하면 사랑을 잃게 된다는 생각이 무의식에 잠재했던 것이지요.

데이비드가 영국으로 떠날 용기를 낼 수 있었던 것은 소련 친목회 창시자인 캐서린과 만남이었습니다. 데이비드를 후원하는 모임에서 만난 캐서린은 데이비드에게 자신의 집에 고통을 받는 피아노가 있으니 집에 와서 피아노도 치면서 말동무를 해 달라고 부탁합니다. 작가 캐서린의 말을 적어 옮기면서 문학적 상상력을 키우는 데이비드는 아버지가 아니라 캐서린을 통해서 세상을 바라보게 됩니다.

데이비드는 영국왕립음악원으로부터 장학금을 주겠다는 초청장을 받았지만, 아버지가 허락하지 않으리라는 사실을 경험적으로 압니다. 여느 때처럼 캐서린의 집에 간 데이비드는 벽난로 위에 있는 캐서린의 아버지 사진을 보고 "여사님의 아버지는 어땠어요?"라고 질문합니다. 캐서린의 아버지는 늘 연구하느라 어린 캐서린와 놀아주질 않았습니다. 어느 날 어린 캐서린은 놀아달라는 자기에게 "저리 가거라 글을 쓰는 중이야"

라는 아빠에게 화가 나서 책상을 엉망으로 만들고 연구 자료마다 낙서를 했습니다. 아버지가 부들부들 떠는 모습에서 분노를 느꼈고, 무슨 짓이야 하는 소리에 소름끼치는 침묵만 감돌았다고 합니다. 캐서린는 "저리 가세요. 글 쓰는 중이예요"라고 아버지와 똑같이 대답했습니다. 그러자 아빠는 캐서린에 달려와 번쩍 들고 "너는 나의 첫 작품이야" 하면서 껴안아주었습니다. 캐서린의 아버지 이야기를 듣고 데이비드는 아버지란 권위적이며 위협적이고 항상 이겨야만 하는 강한 존재가 아니라, 관대하고 참을성 있는 존재임을 깨닫게 됩니다.

데이비드가 성난 사자 같은 아버지가 영국에 가는 걸 반대할 것이라고 하자, 한갓 노인네에 불가하다며 캐서린은 데이비드를 안아주며 등을 두들겨 주고 머리를 쓰다듬어줍니다. 마치 엄마처럼.

용기를 얻은 데이비드는 집으로 돌아왔습니다. 늦게 귀가한 데이비드를 기다린 피터는 여느 때와 같지 않은 데이비드의 모습을 보고 무슨 일이 있는지 데이비드를 다그칩니다. 데이비드는 초청장을 보여줍니다. "네 마음대로 영국에 가겠다고" 하는 피터에게 데이비드는 등을 보이면서 "갈 거니까 막지 마세요"라고 복종적이었던 데이비드가 아버지 말을 거역합니다. 방으로 들어가는 데이비드를 잡아당겨 벽으로 밀어붙이면서 "난

네 애비다. 너한테 모든 걸 바쳤다. 모든 걸" 하면서 데이비드를 때립니다. "이 어리석고 무정한 녀석." 동생들이 부르는 소리에 달려온 엄마가 말리지만, 피터의 때리는 손을 멈추질 않습니다. 딸들이 경찰을 부를 거라고 말할 정도의 상황이 펼쳐집니다. 때리는 걸 멈춘 피터는 데이비드에게 "아무렇지도 않지 말해봐"라며 손으로 얼굴을 만지려고 할 때, 데이비드는 겁먹은 얼굴을 손으로 감싸고 바닥에 파묻습니다. "괜찮지"라는 피터의 말에 일어나서 "저도 결정을 내릴 만큼 컸어요." 가족을 버리고 갈거냐는 아버지의 말에 데이비드는 "죄송해요"라며 확고하게 대답하고 집을 떠납니다.

권위적이고 동시에 아들에게 강한 애착을 가졌던 아버지에게 벗어난 데이비드는 영국에서 아버지한테 답장이 없는 편지를 계속 보냅니다. 오케스트라와의 협연곡으로 라흐마니노프 피아노협주곡 3번을 연주하다 정신을 잃고 쓰러집니다. 이 곡은 아버지가 좋아하던 곡이었습니다. 라흐마니노프를 선택한 것은 아버지의 조건적인 사랑에 복종해야 하는 관계에서 벗어나지 못하고 있음을 상징하는 걸일까요. 아버지의 사랑은 아이가 자신을 지배하는 아버지의 권위가 무엇인지를 스스로 느끼도록 하면서 아버지의 권위에서 벗어나도록 인도해야 합니다. 그러나 앞서 살펴보았듯이 피터와 데이비드 사이에서 이 과정은 빠진 이빨처럼 빈 상태입니다.

연주하다 쓰러진 후 데이비드는 귀국해 아버지한테 전화를 겁니다. 그러나 "대디" 하며 아버지를 부르는 전화 건너편에서는 아무런 대답이 없고, 피터는 전화를 끊고 창문 블라이더를 내리고 맙니다.

블라이더가 내려지자 화면은 정신병원에 입원해 있는 데이비드의 장면으로 바뀝니다. 넓은 욕실 안에서 얼굴을 내밀고 물 위에 떠 있는 데이비드. 마치 엄마 배 속의 양수에서 평안하게 노는 아이처럼. 놀이 치료실에서 들려오는 피아노 소리에 데이비드의 발걸음은 치료실로 향하고 의자에 앉아 악보를 넘깁니다. 놀라기도 하고 신기한 반주자 벨리 알코트는 데이비드에서 이름을 물어봅니다. 데이비드 헬프갓이라는 대답에 깜짝 놀랍니다. 그는 자신이 어렸을 때 좋아했던 피아니스트였던 것이지요.

그녀는 병원의 허락을 받고 데이비드를 집으로 데려갑니다. 그러나 데이비드는 텔레비전을 켜놓은 채 욕실 안에서 물거품을 만들어 소리치며 놀고, 악보는 거실에 늘어져 있고, 심지어 성당에서 파이프오르간을 치는 벨리 알코트 옆에서 악보를 넘기면서 젖가슴을 만지는 등. 엄마의 젖가슴은 안아주는 엄마의 품을 상징하는 것일까요. 아이와 같은 데이비드를 돌보는 데 한계를 느낀 벨리 알코트는 피아노가 있는 사설 정신요양원에 데이비드를 데려갑니다.

밤낮 구별 없이 피아노를 치다 자다 하는 일상을 반복하다 비가 오는 어느 밤. 데이비드는 피아노가 너무 치고 싶어서 밖으로 나가 무작정 달리다가 불이 켜진 'cafe Maby's'을 발견하고 문을 두들깁니다. 이미 영업이 끝나 들어가지 못하고 집으로 돌아옵니다. 잠이 깬 데이비드는 이번에는 악보를 들고 다시 cafe Maby's에 갑니다. 카페 주인 실비아는 피아노를 향해 가는 데이비드에게 말을 걸려고 가까이 가지만 이내 피아노에 앉아마자 연주하는 데이비드의 모습에 깜짝 놀라 주의를 돌아봅니다. 아름다운 선율에 매료된 카페 손님들은 연주를 마친 데이비드를 향해 '브라보!' 하면서 앵콜을 외칩니다. 이를 계기로 데이비드는 카페 2층에서 지내며 피아노를 치기 시작했습니다. 데이비드의 이런 모습을 신문에서 읽은 피터는 데이비드를 만나러 갑니다.

"오늘도 잘 쳤어. 오늘도 잘 쳤어"라고 혼잣말하면서 냉장고에서 캔을 꺼낼 때, 문 앞에 서 있는 아버지를 발견하곤 놀라 캔을 떨어뜨립니다. "잘 있었니"라는 아버지 인사에 잠시 침묵이 흐르고 데이비드는 "안녕하세요 아버지"라고 대답합니다. 데이비드가 떨어뜨린 캔을 집어들자 피터는 자신이 아직도 건재하다는 것을 보여주듯이 손을 떨면서도 캔을 따줍니다. 피터는 데이비드가 대회에서 받은 메달을 목에 걸어줍니다. 여기서 잠시 두 사람의 대화를 엿보기로 하지요.

피터: 넌 운이 좋은 녀석이야.

데이비드: 맞아요, 물론이에요. 다들 그래요. 운이 좋다고.

피터: 데이비드, 그건 사실이다.

데이비드: 네, 전 운이 좋아요.

피터는 데이비드를 껴안습니다. 무덤덤한 데이비드.

피터: 애비만큼 널 사랑하는 사람을 없을 거다, 절대로. 여기 있는 것도 네겐 기회란 사실을 명심해라.

데이비드: 일생일대의 기회 맞아요.

피터: 내가 어렸을 때, 바이올린을 샀단다. 좋은 것이었지. 정말 아꼈는데. 무슨 일이 있었는지 아니? 어떻게 된 줄 알지? 알지?

(스콧 히스 감독, 〈샤인〉, 1996)

데이비드는 뒤로 물러서면서 피터의 얼굴을 피해 등을 돌린 채 심하게 말을 더듬으면서 "아뇨, 어떻게 되었지요? 어떻게 되었는지 몰라요?" 피터는 낙심한 얼굴을 하고 돌아서 나갑니다. 2층 창 넘어 어깨를 축 내리고 가는 아버지의 뒷모습을 보면서 데이비드는 "안녕히 가세요"라고 인사합니다.

이 장면에서 우리는 다시 한번 데이비드가 일방적이고 위협적이고 권위적인 아버지의 사랑에서 벗어나 스스로 삶을 살아가려는 능력을 갖추었음을 짐작할 수 있습니다. 아버지의 복종적인 사랑에서 벗어난 데이비드에게 필요한 것은 무조건적인 엄마의 사랑입니다.

아버지에게 작별 인사를 하는 장면은 실비아 집에 잠시 머물렀던 길리언이 집에 도착하는 장면으로 바뀝니다. 실비아의 지인인 길리언은 결혼을 앞둔 한 점성술가입니다. 실비아가 얼마 전부터 함께 지내는 좀 신기하고 아이 같은 사람이 있다면서 현관문을 열고 들어가자, 거실은 의자가 넘어져 있고 쿠션은 바닥에 늘어져 있고 목욕 수건도 악보도 너저분하고 텔레비전을 틀어져 있는 상태이고 음악을 흘러나오고. 데이비드를 외치며 찾지만 보이질 않습니다. 물소리가 들려 욕실 문을 여니 수도꼭지는 열린 채로 세면대 물은 넘쳐 바닥은 젖어 있고 수건도 흩어져 있고, 그뿐만 아니라 샤워물도 켜진 채입니다. 길리언 말처럼 난장판입니다.

밖으로 나간 실비어는 바바리만 걸치고 음악을 들으며 널뛰는 데이비드를 발견합니다. 데이비드를 불러 길리언에게 소개합니다. 알몸에 바바리만 걸친 데이비드를 있는 그대로 받아들이고 웃음으로 인사하는 길리언.

카페에서 피아노를 치면서 손님들과 스스럼없이 이야기하고 어울리는 데이비드를 지켜보는 길리언. 연주를 마치고 2층 자기방으로 돌아가는 데이비드를 따라 올라가면서 길리언은 데이비드가 흘려놓은 옷이며 나비넥타이를 챙기면서 방으로 들어갑니다. 바닥에는 신문이 너저분하게 깔려 있고 데이비드는 자신이 청년 시절 참석한 연주대회에서 라흐마니노프 3번 피아노협주곡을 쳐 우승한 로저의 연주회가 열린다는 광고를 보고 있습니다. 라흐마니노프 3번 피아노협주곡은 아버지 피터가 좋아하는 곡이고, 데이비드가 영국에서 연주하다 도중에 기절한 곡입니다. 라흐마니노프를 완주한다는 것은 어떤 의미에서 아버지의 사랑을 얻으려고 노력하는 아들의 모습입니다. 데이비드는 길리언과 이야기하던 도중에 얼굴을 길리언의 어깨에 파묻습니다. "폐가 되지 않나요"라는 데이비드에게 괜찮다고 한 길리언은 데이비드가 오래전부터 쓰고 있는 영국국립음악원의 지도교수에게 보낼 편지를 발견합니다. 자신이 다시 피아노를 칠 수 있다는 이야기 등을 쓰려고 하는 것 같습니다. 데이비드가 편지 쓰는 것을 도와주는 장면은 로저의 연주회 장면으로 이어집니다.

길리언은 데이비드와 함께 로저의 연주회를 가기도 하고, 함께 바닷가를 갑니다. 해변가에 흩어져 있는 옷. 모래사장에 앉아 책을 읽는 길리언. 조금 거센 파도가 일고 있는 바다에서 알몸으로 수영하며 파도타기를 하는 데이비드. 책을 읽다가 파도타기하기를 하면서 수영하는 데이비드를 웃음을 지으면서 쳐다보는 길리언. 마치 자궁 안 양수에서 아이가 놀고 있듯이.

길리언이 돌아갈 시간이 되었습니다. 사진을 찍으며 길리언의 짐을 챙기면서 분주하게 오가는 실비아. 이런 와중에 길리언의 손을 두 손으로 감싸고 있는 데이비드.

길리언: 근데, 다시 만날 거예요.

데이비드: 네, 살아 있다면. 헤어지는 거예요.

길리언: 가야 돼요.

데이비드: 애들 때문에 그래요.

길리언: 아뇨, 애들은 다 컸어요. 벌써 이렇게 늙은걸요.

데이비드: 나도 그래요. 나도 늙었지만 마음은 안 그래요. 난 귀찮은 존재예요. 그렇죠!

길리언: 쉿

……

데이비드 : 결혼해주세요.

길리언: 그래 봤자 소용없어요.

데이비드: 맞아요. 난 원래 소용없어요. 아무 소용이 없어요.

길리언: 어쨌든 고마워요.

데이비드: 하지만 안 돼요. 별에게 물어봐요. 별에게.

길리언을 껴안은 데이비드의 얼굴은 모든 불안함을 떨쳐버린 포근하고 안정된 표정으로 어깨가 자연스럽게 내려앉은 모습입니다. 마치 아기가 엄마 등에서 머리를 떨구고 자는 듯이. 집으로 돌아온 길리언은 데이비드의 별자리 운세를 확인하고 결혼을 결심합니다.

데이비드가 라흐마니노프 3번 피아노협주곡을 발표한 날입니다. 데이비드는 수영장에서 수영하고 아이들은 젖은 악보를 드라이기로 말립니다. 실비아는 없어진 악보를 찾으러 분주하게 방과 거실을 오고 갑니다. 이들의 얼굴에는 귀찮고 짜증스러운 표정이 하나도 없습니다. 아이들은 텔레비전을 보면서 드라이기로 악보를 말리고 그 옆에서 길리언은 젖은 악보를 다리미로 말리고 있습니다. 팬티 차림에 데이비드는 와이셔츠 단추구멍을 잘못 끼운 채 거실로 나옵니다. 실비아는 종결 부분인 37번 악보를 찾으라고 아이들에게 말하고 자신은 계속 악보를 말립니다. 길리언은 수영장 한구석에서 37번 악보를 찾아냅니다. 그리고 데이비드가 잘못 낀 단추 구멍을 바로잡아주고 짝이 맞지 않는 구두도 짝을 맞아 신깁니다. 유치원에 가지 않겠다고 보채는 아이를 달래는 엄마처럼 말입니다. 재롱 잔치에서 안절부절못하고 불안해하면서 무대 앞에 나서지 못하는 아이를 안정시키고 용기를 북돋는 엄마처럼 말입니다.

엄마와 동생 그리고 어린 시절의 피아노 레슨 선생을 포함한 많은 청중 앞에서 데이비드는 라흐마니노프 3번 피아노협주곡을 완주합니다. 데이비드의 연주에 기립박수로 화답하는 그들 앞에서 울고 있는 데이비드. 무대 앞으로 달려가 격려하는 길리언. 길리언의 젖가슴을 만지는 데이비드. 품고 안아 모든 것을 감싸주는 엄마의 무조건적인 사랑에 안정을 찾은 행복한 아이처럼. 이제 데이비드는 세상과 소통하는 길에 발을 한 걸음 내딛게 되는 것입니다.

이상의 내용을 통해서 우리는 데이비드에게 말을 더듬고 정신분열증 현상이 있는 것은 별도로 하더라도, 그가 아버지다운 양심과 어머니다운 양심을 갖게 되었음을 짐작할 수 있습니다.

끝으로 미국의 유명한 가수이며 배우인 마돈나가 텔레비전 토크쇼에 출연하여 인터뷰한 내용을 소개하겠습니다. 인터뷰하는 사람이 마돈나에게 "당신은 정말 모든 것을 다 가진 여자입니다. 가수에, 배우에, 책까지 썼지요. 돈에, 명예에, 미국 대중문화에서 차지하는 위상까지 갖추지 않았습니까? 표지 모델이라면 거의 안 해본 잡지가 없고요. 세계적인 인물 정도가 아니라 세계적인 힘이라고나 할까요? 그런데 이 모든 것을 다 포기하고서라도 얻고 싶은 것이 혹시 있나요?" 그러자 갑자기 마돈나의 눈에서 눈물이 흐르고 입술이 떨리고 깊은 한숨을 쉰 다음에 이렇게 대답했습니다. "엄마가 있었으면……."

5장

회복

최근 회자되는 힐링은 개인과 사회의 치유의 아이콘입니다. 힐링의 대상은 마음입니다. 서양에서 말하는 마음mind이 인지적인 면에 중점을 두었다면, 동양의 마음心은 마인드mind 혹은 하트heart로 번역됩니다. 하트는 정서를 담당하는 가슴을 뜻합니다.

유교에서 말하는 마음은 하늘이 명한 성性(仁義禮智)이 내재화된 터전입니다. 특히 성性의 핵심인 인仁은 타인에 대한 배려[caring]를 이끄는 뿌리로 성선설의 밑바탕이 되지요. 공자의 "도道가 사람을 넓히는 것이 아니라 사람이 도를 넓힌다"에서 알 수 있듯이, 유교는 인도人道의 실현을 위한 인간학이며 인간다운 인간화를 지향합니다. 이런 유교에서 오래전부터 인간을 이해하는 중심적이며 핵심적인 개념으로 자리를 잡은 것이 인仁입니다. 공자는 인을 사람의 본질로 삼는데, 그 인은 사람을 사랑하는 일입니다[愛人]. 더욱 인은 천지가 만물을 생성하는 마음[天心]이기도 하지요. 인간은 이 인(=사람을 사랑하는 마음)으로서 비로소 인간이요, 우주 혹은 세계 안에서 자기의 고유한 지위를 확보합니다. 따라서 유교의 인간 중심의 인간관에서 인의 기능과 역할, 나아가 인의 본질을 이해하는 것은 바로 인간 본질의 구명뿐만 아니라 자기실현 및 자기구현과도 직결됩니다. 회복이란 원래 존재하던 상태로 돌아가는 것을 뜻합니다. 이 성性을 회복하는 것을 유교는 복성復性, 복초復初라고 합니다.

그런데 마음은 기독교에서 신앙을 통해 하나님과 만나는 유일한 자리이기도 하지요. 그래서 「잠언」 4장 23절에는 "모든 지킬 만한 것 중에 더욱 네 마음을 지키라 생명의 근원이 이에서 남이니라"라며 마음이 생명의 근원임을 천명했고, 예수는 산상수훈에서 마음이 청결한 자가 하나님을 볼 것이라고 했습니다. 바울도 「로마서」 12장 2절에서 "오직 마음을 새롭게 함으로 변화를 받아 하나님의 선하시고 기뻐하시고 온전하신 뜻이 무엇인지 분별하도록 하라"고 권면합니다. 이런 마음을 가진 인간은 하나님의 궁극적 목적이요, 피조물 가운데 유일무이하게 하나님의 형상으로 창조된 존재입니다. 그래서 인간은 자연 안에서 특별한 지위를 부여받은 존재일 뿐 아니라 자신의 본질에서, 그리고 자기실현과 완성에서 하나님과 필연적으로 관계하는 존재입니다. 그리고 기독교에서 회개한다는 것은 실체에 대한 관점을 하나님의 관점으로 되돌아간다는 뜻입니다. 이는 온전한 그리스도인이 세상을 바라보는 마음 자세이며, 예수 그리스도의 마음입니다. 이 마음은 "사랑하지 아니하는 자는 하나님을 알지 못하나니 이는 하나님은 사랑이심이라"에서 알 수 있듯이 바로 사랑입니다. 따라서 마음은 기독교의 하나님 중심의 인간관의 틀을 짜는 장場이 됩니다.

창조creation, 타락fall, 구속redemption의 세 원리로 성경을 숙고하면서 세계를 포괄적으로 조망하려는 것이 기독교 세계관입니다. 기독교 세계관에서 보면 인간의 마음은 세 가지 계기로 구성되어 있습니다. 즉 창조의 선한 마음, 아담(인간)의 죄의 결과로써 타락한 마음, 그리스도에 의해서 거듭난 마음 등입니다. 그래서 기독교의 하나님 중심의 인간관은 하나님과 예수와의 관계 안에서 창조의 선한 인간, 타락에 따른 악한 인간, 구속에 의한 거듭난 인간으로 나누어서 설명할 수 있습니다. 구속을 기점으로 인간은 옛사람에서 새사람으로 신분이 바뀌게 됩니다. 그뿐만 아니라 "하늘에 계신 너희 아버지의 온전하심과 같이 너희도 온전하라"처럼 하나님 나라의 온전한 사람이 되는 의무가 부여되어 온전한 사람으로 변혁하는 삶의 여정이 요구됩니다(『성경』, 「마태복음」 5장 48절).

그래서 이 장에서는 유교의 인간다움은 하늘의 마음을 실천하는 사람으로, 기독교의 인간다움은 창조의 선한 사람으로 돌아가는 것이며, 이것이 창조의 선한 질서를 실천하는 사람임을 밝힐 것입니다. 이 작업을 통해서 인간의 보편성을 확인하고 보편적 가치로서 삶의 태도를 제시할 것입니다. 그리고 인간다움을 실천하는 것은 개인의 회복뿐만 아니라 6장에서 밝히겠지만, 정의를 실현하기 위한 선결 조건이 됩니다.

충서忠恕를 실천해야 하는 유교의 인간다움

하늘의 마음[天心]

유교의 중요한 경전의 하나인 『역경易經』은 중국 정신의 최초의 결정체로 간주되어 중국 사상에 광범위하고 지속적인 영향을 끼쳐왔습니다. 송대 사대부들은 『역경』에서 자신의 존재의식과 행동원리를 찾고자 했습니다. 그래서 서양의 중국학자들은 서양의 기계론적 사고와 다른 중국의 유기체적 사고의 근원을 『역경』에서 보이는 유기체적 우주 발생론에서 찾습니다(최영진, 「정신과 물질에 관한 易學的 理解」, 《철학》 35, 1991).

『역경』 「계사전繫辭傳」의 "한 번 음陰하고 한 번 양陽하는 것 그것을 도道라고 하고 그것을 계승한 것은 선善이며 그것을 이룬 것은 성性이다"는 천지가 만물을 생성하는 과정과 그것이 지향하는 운동이 선함을 암시합니다. 주희는 "한 번 음하고 한

번 양하는 것 그것을 도라고 한다"를 태극太極으로 규정합니다. 그리고 주희는 "그것을 계승한 것은 선이다"를 음양[氣]과 오행[質]의 상호작용이 생생生生하여 그침이 없는 양상으로 선을 지향하는 운동이라고 합니다(『朱子語類』 권74). 또한 주희는 "그것을 이룬 것은 성이다"를 천지가 생성한 인간과 사물 각각이 성명性命을 바르게 한다는 의미로 간주하고, 성을 마음의 리理라 하고 인의예지를 그 내용으로 삼습니다(『朱子語類』 권74). 그래서 주희에 의하면 "한 번 음하고 한 번 양하는 것 그것을 도라고 하고 그것을 계승한 것은 선이며 그것을 이룬 것은 성이다"의 과정 전체가 순수하고 온전한 선이 됩니다.

여기서 우리는 주희가 태극에서 음양으로, 음양에서 오행으로 음양오행에서 만물이라는 도식으로 만물의 생성 과정을 설명하고, 존재의 구조도 그것과 마찬가지로 생각했음을 알 수 있습니다. "태극은 가장 좋은 지선至善의 도리일 뿐이다. 사람마다 각각 하나의 태극을 가지고 있으며, 또 사물마다 각각 하나의 태극이 있다. 태극이란 천지만물의 모든 선의 가장 좋은 모범적인 덕이다"이라는 말은 태극이 모든 사물의 존재원리이며 최고표준임을 가리킨다. 이 태극을 얻어 생성된 인간을 포함한 모든 사물의 리는 각 사물이 가장 완전한 상태를 발현해 드러내는 표준임을 시사합니다(『朱子語類』 권94).

이상에서 알 수 있듯이 주희에 의하면 태극(=리, 성)은 우주 만물의 어느 곳에서나 모두 동질한 가치를 가집니다. 그것은 "본래 하나의 태극만이 있는데, 그것이 만물의 각각에 품수되어 각각의 만물은 다 하나의 태극을 구비한다. 마치 하늘에 달이 오직 하나 있는 것과 같다. 강과 호수는 흩어져 있지만 달은 여러 곳에서 보이는데 달이 이미 나누어졌다고 말할 수 있겠는가"라는 월인만천月印萬川의 비유에서도 알 수 있습니다(『朱子語類』 권94). 여기에서 주희가 태극을 초월적 존재인 동시에 내재적 존재로 파악했음을 알 수 있습니다. 이 태극이 내재화되어 나타난 것이 성이고, 구체적으로는 인의예지 사덕입니다. 그래서 인간의 도덕성의 근거가 태극에 있습니다. 이러한 태극의 내재화는 천명이 천의 내재화로써 인간의 본성을 규정하는 의미를 함축했음을 시사하는 "하늘이 명[天命]한 것을 성性이라고 하고, 성에 따르는 것을 도道라 하고, 도를 닦는 것을 교敎라 한다"는 『중용』의 구절에서도 확인할 수 있습니다.

하늘이 명한 성은 유학에서 인간을 도덕적으로 평등한 존재로 상정했음을 알 수 있습니다. 주희는 하늘이 명한 인간의 본성이 하늘의 이치이고 공공公共의 원리를 부여받은 것으로, 인간의 본성의 보편성과 절대성을 확립하고 있습니다(『論語集註』, 「公冶長」; 『朱子語類』 권5).

천의 내재화로서 "천명은 임금의 명령과 같고, 본성은 임금한테서 직무를 맡는 것과 같습니다"라고 하듯이, 주희에 의하면 인간의 본성은 단순한 원리와 기준뿐만 아니라 현실화할 수 있는 힘을 함축한 능동적이고 내발적인 것입니다(『朱子語類』권 4). 이는 서양 고대의 자연법 사상가인 키케로의 "진정한 자연법은 인간의 본성과 일치하는, 모든 인간에게 부여되어 있는, 지속적이고도 영원한, 명령을 통해 의무를 지우고 금지를 통해 악을 피하게 하는 그러한 올바른 이성이다"를 연상합니다(마르쿠스 툴리우스 키케로, 김창성 옮김, 『국가론』, 한길사, 2007).

한편 주희는 천지가 만물을 생성하는 과정을 시루로 쌀을 찌는 것에 비유합니다. 바닥에 뚫린 구멍에서 더운 불기운이 아래에서 위로 끓어오르다가 다시 그 증기가 끓어 내려가는 과정을 반복합니다. 이와 같이 계속 끓는 사이에 쌀이 부드럽게 쪄집니다. 천지는 그 사이에 수많은 생기生氣를 품었으나, 생기가 빠져나갈 출구가 없습니다. 기가 그 가운데에서 한 번 소용돌이치면 한 번 사물을 낳습니다. 천지는 이것 이외에 하는 일이 없고 다만 만물을 생성할 뿐입니다. 그것은 마치 맷돌이 곡물을 빻은 것과 같습니다(『朱子語類』권53).

생기란 말 그대로 생생한 기로, 천지의 끊임없는 생생한 흐름은 사계절의 변천에 해당합니다. 봄은 생기가 일어나는 때이고, 이 생기가 활발하게 운동하면 만물이 번성하는 여름이 되고, 생기가 수렴收斂해감에 따라 가을이 다가오고, 겨울이 되면 생기는 사라져갑니다. 그러나 생기가 사라짐과 동시에 또 새로운 생기가 태동하기 시작합니다. 주희는 천지 사이에 충만한 생기를 측은惻隱이라는 인간의 감성으로 표현합니다(『朱子語類』 권53). 측은은 어린아이가 우물에 빠지려고 할 때, 그것을 본 사람이면 누구나 자연이 용솟아 나오는 마음으로, 인仁이 발현된 현상입니다. 측은해 하는 마음은 바로 "불인인지심不忍人之心"이며, 그것은 『맹자』 「공손축상」에 나오는 유명한 말이지요. 거기에 주희는 "천지는 만물을 낳는 것을 마음으로 삼고 생성된 만물 모두는 천지가 만물을 낳는 마음을 마음으로 삼는다. 그래서 사람에게는 불인지심이 있는 것이다"라고 주를 달고, 모든 만물은 천지지심天地之心에 의해서 존재하며 만물을 생성하는 하늘의 마음[天心]이 바로 인이라고 주장합니다(『孟子集注』, 「公孫丑章句上」; 『朱子文集』 권67). 주희는 "거룩하신 상제上帝께서 아래 백성을 내리심에 무엇을 주셨는가? 인仁과 의義가 그것이다. 의와 인은 상제의 법칙이니, 이것을 공경하고 받듦에 다할 수 없음을 두려워하라"고 하여 유교적 삶을 지향하는 사람에게 인의를 실천한다는 것은 하늘이 부여한 의무이며 사랑이라고 주장합니다(『朱子文集』 권85).

인仁에 대해서

앞에서 언급했듯이 유교의 최고의 덕목인 인은 사람을 사랑하는 것이며, 맹자에 의하면 측은지심의 뿌리로서 인의예지의 한 덕목입니다. 우물에 빠지려고 하는 어린아이를 구할 때 발현되는 측은지심은 선로에 떨어진 사람을 구할 때 발현된 마음의 상태와 같습니다. 그 마음은 무조건적이고 아무런 사사로운 목적도 개입되지 않은 순수한 마음, 즉 공평무사한 상태입니다. 그 마음의 상태는 주일무적主一無適으로 표현되는 경敬으로도 설명할 수 있습니다. 그렇다면 일명 지하철 의인으로 불리는 사람들의 행위는 의식이 집중해 다른 것에 신경을 쓸 수 없는 찰나적인 고도의 집중력에 의해서 나타난 현상입니다. 이 현상은 경敬을 유지해 마음이 조금도 굽힘이 없게 되어 털끝만큼의 사의私意도 없이 인이 자연히 발현되어 나타난 역동적인 모습이지요(『朱子語類』 권42). 다시 말하면 사랑의 에너지가 능동적이고 자발적으로 드러난 것으로, 마음의 동태적인 면을 확인할 수 있습니다(『朱子語類』 권53).

주희는 인이 발현되려면 도랑이 먼저 준설되어야 물이 흐르는 것처럼 먼저 마음이 공公의 상태가 되어야 한다고 주장합니다(『朱子語類』 권41). 그래서 공은 사리사욕을 의미하는 사私와 대비되어 사사로움이 있다면, 인이라고 할 수 없다는 것입니다(『朱子文集』권32). 그리고 주희는 "공의 경우는 하나이고 사의 경우는 각각 다르다. 사람의 마음이 얼굴과 같이 천차만별한 것은 사심 때문이다"라고 하면서, 공의 보편성을 사심私心으로서 사와 함께 설명하기도 합니다(『朱子語類』권15). 더 나아가 주희는 "하나의 일에는 반드시 두 측면이 있는데, 올바른 것은 천리天理의 공이며 틀린 것은 인욕人慾의 사이다"라고 하면서 공사를 이용해서 천리와 인욕을 나누고 있습니다(朱子語類』권13).

천리와 인욕은 대대待對관계로 소장消長하면서 우리 마음에서 중립의 입장이 없는 흑백논리로 나타납니다(『朱子語類』권13). 다시 말하면 천리에서 벗어나 조금이라도 사의가 있다면, 그것은 천리라고 말할 수 없게 됩니다. 그래서 우리의 마음은 천리와 인욕의 전쟁터인지도 모릅니다(『朱子語類』권140). 그러나 우리의 마음은 생생하게 활력[活]이 있는 상태로 항상 있길 필요로 합니다(『河南程氏遺書』권5). 주희는 "활活은 천리며 사死는 인욕"이라고까지 말하고 있습니다(『朱子語類』권97). 다시 말하면 배타적인 사욕을 왕성하게 하는 것이 아니라, 자기의 인의 활력을 활발하게 하는 것이지요. 그래서 유교적 삶은 천리와 인욕의 긴장관계의 연속이라고 할 수 있습니다.

주희를 비롯한 도학자들은 먹고 마시고 입는 등의 인간의 감각기관이 당연히 욕구하는 것을 부정하지 않습니다. 그러나 조금이라도 탐심이 생기면, 그것은 부정해야 하는 사욕으로 바뀌게 된다고 여겼습니다. 다시 말하면 천리라는 하나의 규범에서 단 한순간이라도 벗어나면, 여지없이 부정되고 제거되어야 하는 것입니다. 이를 공자의 애제자 안회가 인에 대해서 질문했을 때, 공자가 대답한 "극기복례위인克己復禮爲仁"에 대한 주희의 해석을 통해서 좀 더 알아보기로 하지요.

주희는 '극기'의 '기'를 인물에 대한 말이 아니라 공과 대립되는 사로 파악하고(『朱子語類』 권41) 예禮를 천리의 절문節文이라고 합니다(『論語集注』, 「學而篇」). 그리고 주희는 '극기복례위인'을 사욕을 제거한 후에 예로 충만된 상태가 되는 것을 기다리고서야 비로소 인이 될 수 있다는 의미로 해석합니다(『朱子語類』 권41). 여기서 공사를 이용해서 '극기복례위인'을 간략히 표현하면 공승사公勝私의 상태에 이르면 인이 된다고 할 수 있습니다. 한편 주희는 공승사를 "극기복례의 의미는 조금의 사의도 없어지자 바로 사람과 내가 하나이고 사물과 내가 하나임을 깨달아서 공도公道가 자연히 유행된다는 것이다"라고 하면서, 나와 타자 그리고 나와 사물이 하나됨을 알고 공도가 자연히 유행되는 상태라고 합니다(『朱子語類』 권41).

주희는 "도란 물아物我가 공공하는 자연의 리"라고 하여 사물에 존재하는 리理와 그 리에 따라 대응하여 일을 처리하는 마음의 작용이 일치된 상태를 도라고 합니다(『朱子語類』권60). 그래서 주희는 리를 천하공공의 리로 사람 모두가 똑같이(一般) 처음부터 물아의 구별이 없음을 의미한다고 하면서 체감할 수 있는 『맹자』의 '적자입정赤子入井'을 예로 들어 설명했습니다(『朱子語類』권18). 여기서 "극기복례위인"이 공에서 인으로라는 과정을 설명했음을 짐작할 수 있습니다. 주희는 "공평무사한 상태가 되고 나서야 비로소 사랑[仁]할 수 있고", "공이 없다면 사랑[仁]을 실천할 수 없다"고 합니다(『朱子語類』권6). "오직 인이 된 후에야 천지만물과 더불어 하나가 된다"고 합니다(『朱子語類』권6). 결국 사랑은 '공→인→애'라는 과정을 밟는데, 이 과정을 도식화하면 다음과 같습니다.

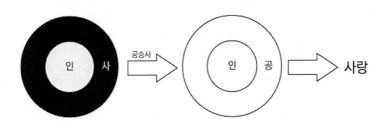

주희는 인을 기름에 비유하면서 조금의 불순물도 없고서야 비로소 기름이라고 부를 수 있지만 거기에 한 방울의 물이 떨어지면 가짜 기름이 되는 것처럼, 천리혼연天理渾然한 인에 추호의 사욕이라도 있다면 그것은 인이 아니라고 합니다(『朱子語類』 권28). 흰색은 100퍼센트가 다 희어야 하는 것으로, 거기에 한 방울의 먹물을 떨어뜨리면 하얗다고 말할 수 없는 것처럼 인은 100퍼센트 공평무사한 마음에서만 발현되는 것입니다(『朱子語類』 권28). 따라서 하늘의 마음을 실천하는 사람은 마음이 사욕이 없는 공평무사한 상태를 유지해 사랑의 마음을 실천하는 사람입니다.

그리고 주희는 측은지심, 수오지심, 사양지심, 시비지심을 포함한 사단四端을 선하지 않음이 존재하지 않는 순수지선純粹至善이고 인간에게 당위적인 성性이 발현하여 나타난 도덕적 감정이라고 합니다(『孟子集注』, 「告子上」; 『中庸或問』; 『朱子語類』 권5). 또한 "다만 측은한 마음이 있고서야 비로소 작동할 수 있다. 만약 측은한 마음이 없으면 작동할 수 없다. 이것(측은지심)이 먼저 작동한 후에야 비로소 수오, 공경, 시비가 있는 것이다"라는 점에서 모든 감정의 바탕에는 인, 즉 생동의 이치로서 역동적인 사랑의 이치가 터를 잡고 있음을 의미합니다(『朱子語類』 권53). 그래서 인(愛人, 측은지심)은 모든 덕을 포괄하고 다른 덕에 진정한 의미와 가치를 부여합니다. 달리 말하면 사랑이 없는 예의, 사랑이 없는 배려, 사랑이 없는 정의, 사랑이 없는 판단, 사랑이 없는 섬김, 사랑이 없는 공경 등은 마치 빈 수레와 같이 가식적인 행위가 됩니다. 이는 인을 넓은 의미의 인과 좁은 의미의 인으로 나누는 주희의 견해에서도 확인할 수 있는데, 넓은 의미의 인은 인의예지의 교집합으로 사덕의 공통분모가 되고, 좁은 의미의 인은 마음이 외계에 감응하여 나타나는 사랑 자애 등으로 인의예지의 개별적 현현顯現의 분모항이 됩니다. 넓은 의미의 인과 좁은 의미의 인을 도식화하면 다음과 같습니다.

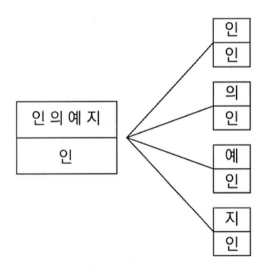

그래서 하늘의 마음을 실천하는 사람은 사랑의 감정이 동반된 행위를 하는 사람입니다.

결국 하늘의 마음[天心]은 인이며, 그것은 사랑입니다. 이 하늘의 마음이 사람의 마음으로 내재화되어서 사랑을 세상에 흘러 보내는 것이 유교적 삶의 근간이 됩니다. 그래서 맹자는 인의 실천을 가족에서 사회로, 사회에서 만물로 확장해갈 것을 주장합니다. 이는 자신을 미루어 남에게 미친다는 '추기급인推己及人'한다는 충서忠恕의 도이지요.

여기서 기독교의 황금률인 "무엇이든지 남에게 대접을 받고자 하는 대로 너희도 남을 대접하라"가 연상됩니다(『성경』, 「마태복음」 7장 12절).

원수마저 사랑해야하는 기독교의 인간다움

창조의 선한 사람

기독교에서 하나님의 계시가 담긴 성경의 존재와 권위는 절대
적입니다. 성경의 첫 장을 장식하는 「창세기」는 하나님이 창조
질서 전체의 유일한 근원임을 언명합니다. 여기에서 주목하려
는 것은 성경이 보여주는 창조가 완전했다는 것입니다.[1] 예를
들면 「창세기」의 "하나님이 지으신 그 모든 것을 보시니 보시
기에 심히 좋았더라"는 것은 하나님의 창조가 하나님이 보시
기에 완벽하고 만족스러운 것임을 의미합니다(『성경』, 「창세기」
1장 31절). 다시 말하면 인간을 포함한 피조세계가 모두 선하게
창조되었다는 것이지요. 무엇보다도 인간의 상태는 부패되거
나 오염되었거나 죄가 있지 아니하고 도덕적 중립이 아니라 실
제적으로 선하게 창조되었다는 것입니다(안토니 A. 후크마, 류호준

옮김, 『개혁주의 인간론』, 기독교문서선교회, 2004).

그래서 성경은 인간을 포함한 물질세계를 본래 선한 것으로 그리고 있습니다. 다시 말하면 창조 질서는 자연법칙뿐만 아니라 인간의 본성에 관한 법칙의 근원이 됩니다(낸시 피어시, 홍병룡 옮김, 『완전한 진리』, 복 있는 사람, 2006). 이것은 기독교 세계관이 세상에 대한 긍정의 태도를 가지고 있음을 암시합니다. 따라서 기독교 세계관에서 보면 물질세계는 플라톤이 가리키듯이 참된 이데아의 세계를 모방한 오류와 환상의 영역이 아니지요.

주지의 사실처럼 플라톤에 의하면 물질세계는 초현실의 완벽한 이데아의 일시적이고 불완전한 그림자들로 구성되어 있습니다. 중세가 되면 플라톤이즘은 기독교와 융합하면서 성聖 · 속俗이라는 종교적 이론을 산출합니다. 그리고 플라톤의 이분법적 사고는 근세 철학의 아버지로 불리는 르네 데카르트에 이르면 절정을 맞이해, 인간은 하나님과 분리된 독립된 이성적 존재로 규정됩니다. 그래서 이성의 시대로 불리는 계몽주의 시대가 도래합니다. 결국 사유를 본질로 하는 정신과 연장延長을 본질로 하는 물질을 구분함으로써 이원론적 체계를 확립한 데카르트의 사상은 비물질계(하나님, 영, 윤리) 대 물질계(산, 나무, 인간의 몸), 신의 계시 대 신으로부터 독립된 이성, 종교영역 대 과학영역이라는 이분법적 사고를 서양인에게 이식하는 결과를 초래했습니다.

"자연과 인간을 떼어 놓은 서양 사고로 가장 오래된 형태는 신이 인간을 창조했고 다시 그 인간을 위해 동식물 등을 창조했다는 「창세기」의 언급입니다. 이러한 사고는 데카르트와 뉴턴에서 더욱 발전된 모습을 보였다"에서 보이듯, 이분법적 사고의 기원을 의심의 여지없이 창조까지 거슬러 올라가기도 합니다(김교빈·최종덕·김문용·전호근·김제란·김시천, 『함께 읽는 동양철학』, 지식의 날개, 2006). 어쨌든 서양의 이분법적 사고는 동서양의 생각의 차이를 특징지우는 잣대 가운데 하나가 될 만큼 당연시되었습니다(리처드 니그벳, 『생각의 지도』).

알버트 월터스는 선한 창조 질서를 '구조structure'라는 용어로 규정합니다. 구조란 "창조의 질서 즉 어떤 사물의 불변적 창조 구조 혹은 그것으로 하여금 그 실체가 되게 하는 것을 가리키"는 것으로, 서양 철학에서 말하는 "본체나 본질, 본성 등으로 일컫는 실체를 지칭합니다"(알버트 월터스, 양성만 옮김, 『창조타락구조』, Ivp, 2007). 이것은 창조주에 의해서 마련된 선한 창조 질서가 모든 피조물에게 고유한 본성과 정체성으로 각각 부여되었음을 의미합니다. "땅과 거기 충만한 것과 세계와 그 가운데에 사는 자가 다 여화와의 것이로다"라는 시편 기자의 말은 그것을 증좌하기에 충분합니다(『성경』, 「시편」 24편 1절).

창조시의 인간은 "하나님이 이르시되 우리의 형상을 따라 우리의 모양대로 우리가 사람을 만들고 ……모든 것을 다스리게 하자 하시고 하나님이 자기 형상 곧 하나님의 형상대로 사람을 창조하시되 남자와 여자를 창조하시고"에서 알 수 있듯이 선한 창조 질서를 예표할 수 있는 좋은 본보기입니다(『성경』, 「창세기」 1장 27~28절).

형상image이라고 번역된 히브리어 첼렘은 '짜르다', '베다'라는 동사에서 유래한 단어로, 동물이나 사람의 모습대로 조각되는 광경을 묘사하는 데 사용되는 단어입니다. 그러므로 하나님이 자신의 형상대로 사람을 창조했다는 사상은 인간이 "어떤 점에서 하나님과 같은 존재이며, 하나님을 대표하는 존재"임을 시사합니다. 즉 "하나님의 손으로부터 지음을 받았을 때의 사람의 상태는 부패되거나 오염되었거나 죄가 있지 아니하였다"는 것이지요(안토니 A. 후크마, 『개혁주의 인간론』).

그리고 성경은 인간을 어린아이처럼 죄 없는 상태가 아니라 하나님의 형상과 모양으로 지어진 의식 있고 자유롭게 행동하는 성인으로 묘사합니다. 이는 일명 문화명령으로 불리는 창세기 1장 28절 "하나님이 그들에게 복을 주시며 하나님이 그들에게 이르시되 생육하고 번성하여 땅에 충만하라, 땅을 정복하라, 바다의 물고기와 하늘의 새와 땅에 움직이는 모든 생물을 다스리라 하시니라"에서 하나님이 "그들"(인간)을 대리자로 세워 피조세계를 다스리게 하시고, 이를 수행하는 지위를 인간에게 부여한 사실로 예측할 수 있습니다.

하나님이 문화명령을 한 창세기의 "그들"의 마음은 어떤 상태이었을까. 성경에는 "그들"에 대한 구체적 묘사가 보이질 않습니다. 그래서 성경에 보이는 마음의 할례[2]의 의미를 통해서 간접적으로 추측할 수 있습니다. 왜냐하면 마음의 할례란 완악한 인간의 마음을 변화하고 갱신하여 하나님에게 순종하여 하나님과 관계를 회복하라는 의미가 함축되어 있기 때문이지요 (권연경, 「마음의 할례와 행위」, 《신약연구》 7권, 2008; 전정진, 「이스라엘의 회개와 갱신에 나타난 마음의 할례의 역할과 종말론」, 『성서학 학술세미나』, 2007). 무엇보다도 성령을 통해서 마음의 갱신이 이루어진다는 사실은 하나님의 영이 떠난 이후의 타락한 인간의 마음과 상반되는 마음이 창세기 "그들"의 마음임을 짐작할 수 있습니다. 왜냐하면 그들은 하나님의 영과 함께하는 삶을 살았기 때문이고, 이는 마음이 제대로 기능할 수 있는 기반은 창조주의 선한 질서 안에서 모든 상호관계성이 자리를 잡았을 때임을 암시하기 때문입니다(안근조, 「구약성경 잠언에 나타난 마음교육」, 《기독교교육정보》 39, 2013). 그럼 죄된 인간의 마음은 성경에 어떻게 표현되는지 살펴보지요.

죄된 인간의 마음은 미혹되는 마음, 교만한 마음, 강퍅한 마음, 패역한 마음, 완악한 마음, 사악한 마음 등으로 표현합니다.[3] 특히 미혹되는 마음은 음란의 죄와 반역의 죄 등으로 구체적으로 드러납니다. 그래서 마음의 할례란 마음을 새롭게 하는 내적 변화로 윤리적이고 도덕적인 차원을 일컫습니다. 그리고 마음은, 놀람, 두려움, 근심, 걱정, 즐거움, 기쁨, 분노, 절망 등의 감정의 기반이기도 하지요.[4] 그래서 마음의 할례는 윤리적 문제에만 머물지 않고 감정을 새롭게 하는 문제도 포함시켜야 합니다. 또한 마음은 인지(『성경』, 「에스겔」 3장 10절)와 기억(『성경』, 「이사야」 46장 8절) 그리로 지혜의 좌소로서 지성의 중심이기도 하여(『성경』, 「열왕기상」 10장 24절), 마음의 할례는 사고체계의 변화를 포함시켜야 합니다. 더욱 중요한 것은 마음의 할례는 하나님을 통해서 부어지는 "정한 마음"과 "정직한 영"에 의해서만 가능하다는 것이지요(『성경』, 「시편」 51편 10절). 이를 위해서는 하나님의 성소에 들어가기 위한 조건인 마음이 청결해야 합니다(『성경』, 「시편」 24편 4절). 그래서 마태복음의 팔복에서 마음이 청결한 자가 하나님을 만날 수 있다고 합니다. 다시 말하면 창세기의 "그들"은 윤리적으로 죄가 없었다는 것이지요. 더욱 마음은 "쇠약하나 하나님은 내 마음의 반석이시오 영원한 분깃이시라"한 것처럼, 하나님이 마음의 반석이고 하나님과 함께한다는 신뢰는 마음이 영성적 의미도 포함함을 알 수 있습니다(『성경』,「시편」73편 26절). 따라서 마음의 할례는 질서화된 감정의 표출과 사고체계의 전환 그리고 윤리적이고 영성적인 변화를 의미합니다.

여기서 창세기의 "그들"이 겸손한 마음, 온화한 마음, 진실한 마음, 청결한 마음 등을 유지하면서 기쁘고 즐겁고 사랑스러운 감정을 온전히 드러내고 지혜로운 판단을 하면서 하나님과 관계에서만 존재한다는 자기 정체성이 확립된 인간임을 예측할 수 있습니다. 그러나 하나님은 타락한 인간에서 표출되는 마음과 감정과 생각도 하나님이 지으신 것이므로 창세기의 "그들"에게도 타락한 인간의 마음이 전혀 없다고는 말할 수 없습니다. 왜냐하면 인간이 불순종이 실제 일어날 수 있는 상황에 직면했을 때, 자발적으로 하나님에게 순종하는지를 확인하려고 아담에게 유보적 명령을 내린 사실 때문이지요(안토니 A. 후크마, 『개혁주의 인간론』). 어쨌든 아담이 뱀의 유혹에 넘어가 하나님에게 불순종해 선악과를 먹기 전까지 무엇보다도 하나님의 영이 그들과 함께했다는 사실입니다. 다시 말하면 하나님의 영의 통치를 받은, 즉 하나님나라가 현현되었다는 것이며, 그들의 마음도 하나님의 영이 나타나도록 깨끗한 상태였다는 것이지요. 구체적으로 말하면 그들은 하나님 안에서 하나님을 의지하는 마음으로 하나님을 사모했던 것입니다. 왜냐하면 하나님이 인간의 마음을 지으셔서 그들의 마음은 하나님을 향하도록 되어 있기 때문이지요. 이는 그들이 윤리적으로뿐만 아니라 하나님이 마음의 반석임을 깨닫는 영적 상태에 있었다는 의미입니다. 그래서 그들은 진정한 기쁨으로 수직적으로는 하나님과 관계뿐만 아니라 수평적으로는 타인과 관계와 피조물과 관계를 온전하게 유지하고 있습니다.

이런 관계를 추측하기 위해서 3장에서 언급한 마르틴 부버의 근원어에 대해서 간략히 설명하기로 하지요. 부버는 세계에 대한 인간의 관계를 둘로 구분합니다. 그래서 인간에게는 2개의 근원어가 있습니다. 하나는 일인칭의 '나'가 이인칭의 '너'와 직접 만나서 대화할 때의 '나-너(I-Thou)'라는 근원어입니다. '나-너'를 건넴으로써 나와 너의 사이에는 틈이 없는 친밀한 관계를 성립할 수 있습니다. 이 경우 나는 독립된 나가 아니라 하나의 '인격'입니다. 인격으로서 '나'는 '너'와의 관계를 통해서 비로소 새로운 현실과 관계를 맺을 수 있습니다. 즉 타인을 '그것'으로서 취급하지 않고 둘도 없는 '너'로서 귀중하게 생각할 때 전혀 새로운 자신의 일면을 발견하게 됩니다.

'나-너'에 대한 또 하나의 근원어가 '나-그것(I-It)'입니다. '나-그것'이 건네질 때 열려진 세계는 나와 사물의 세계가 됩니다. 근대의 자연과학적인 세계 인식은 그런 것이었습니다. 여기에서는 주의의 모든 것이 '그것'=사물이므로 자신은 타자로부터 떨어진 독립된 '나'가 되지요. 독립된 나는 타자를 포함한 하나님과 자연 모두를 '그것'으로 경험하고, '그것'으로 이용하게 됩니다. 달리 말하면 '나-그것'라는 근원어가 건네질 때 세계는 나에게 이용과 체험의 대상으로 변화하여, 그 대상이 자연이든 인간이든 하나님이든 상관없이 나의 목적 달성을 위한 수단으로 전락해버립니다.

그래서 부버는 '나'라는 주체가 하나님과 자연과 타자를 '그것'이 아닌 '너'(또 하나의 주체)로서 대면할 때, 세계는 홀연히 그 냉정했던 모습을 바꾸고 스스로 속마음을 우리들에게 열어 보인다고 합니다. 더욱 부버는 우리가 하나하나의 '너'를 통하여 영원한 '너'인 하나님을 부른다고 합니다. 왜냐하면 모든 존재에는 하나님의 분깃이 스며들어 있기 때문이지요.

이상의 내용을 도식화하면 다음 쪽의 그림과 같습니다.

마음은 "물에 비치면 얼굴이 서로 같은 것 같이 사람의 마음도 서로 비치느니라"에서 알 수 있듯이 인간 자신입니다(『성경』, 「잠언」 27장 19절). 그래서 정한 마음과 순종하는 마음을 가진 창세기의 "그들"은 사사로운 자기중심적인 생각과 의지 없이 하나님에게 100퍼센트 순종하는 정직한 인격체였음을 상정할

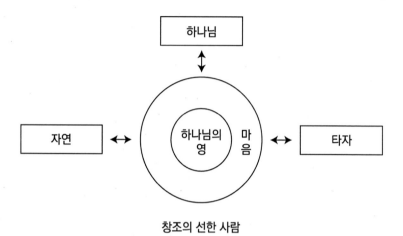

창조의 선한 사람

수 있습니다.

하나님은 볼 수 없으며 형상이 없기 때문에 유한한 인간이 무한한 하나님의 본질을 인식한다는 것은 불가능합니다. 그러나 우리가 공유할 수 있는 하나님의 속성을 본받는다면, 하나님이 어떤 존재인지 알 수 있습니다. 성경은 하나님의 계시의 기록이므로 성경을 통해서 하나님의 속성, 즉 하나님의 성품을 확인할 수 있습니다. 특히 하나님이 언약 백성인 이스라엘에게 선한 것이 무엇인지를 "여호와께서 구하시는 것은 오직 미쉬파트mispat(정의)를 행하여 헤세드hesed(인자)를 사랑하며 겸손하게 네 하나님과 함께 행하는 것이 아니냐"처럼 보여주고 있습니다(『성경』,「미가」 6장 8절). 무엇보다도 예수는 거룩한 하나님의 성품을 온전히 보여주었습니다. '헤세드'와 '쩨다카 sedaqah(공의)' 그리고 '샬롬salom(평강)'은 하나님의 성품을 잘 드러내는 개념입니다. 여기에서는 헤세드에 초점을 맞추어서 하나님 나라를 실천하는 사람의 모습을 예측하려고 합니다.

헤세드hesed에 대해서

하나님의 무차별적 동정과 은혜를 의미하는 헤세드는 성경에서 인애仁愛와 인자仁慈로 번역되었습니다. 앞서 언급했듯이 천지가 만물을 생성하는 마음은 인이고, 그 인은 애인愛人(사람을 사랑하는 것)이었습니다. 어쨌든 헤세드는 구약에 인자로 번역되어 245번이나 나옵니다. 특히 시편 136편에는 인자하심으로 번역되어 26번이나 반복해서 나옵니다. 인자만큼은 아니지만 인애의 경우는 창세기 47장 29절을 비롯해서 20번 가까이 보입니다.

인애로서의 헤세드에는 앞서 인용한 맹자의 "적자입정孺子入井"에서 보인 "측은지심惻隱之心"이나 "불인인지심不忍人之心"으로도 해석할 여지가 보입니다. 그래서 기독교의 헤세드를 측은해 하는 마음으로 해석하는 연구도 있습니다(서명수, 「맹자의 인의와 구약의 공의사상 비교」, 《구약논단》 17, 2011). 그러나 이 연구는 후술하겠지만 헤세드는 원수를 사랑하라는 예수의 가르침으로 확장되어 유교의 인사상으로는 감당할 수 없는 영역임을 간과하고 있습니다. 더욱 헤세드는 하나님이 이스라엘과 맺은 언약의 의미가 함축되어 있습니다. 그래서 시혜자인 하나님은 수혜자인 이스라엘이 계속해서 잘못을 저질러 노여워하여 응징하지만 회복을 위해서 대가와 보상을 염두에 두지 않고 꾸준하게 성실하게 긍휼함을 베풉니다(『성경』, 「민수기」 14장 18절; 『성경』, 「출애굽기」 34장 6절).

헤세드는 언약을 파기한 이스라엘 백성에 대한 하나님의 변함없는 동정과 은혜뿐만 아니라, 수혜자인 이스라엘은 시혜자인 하나님에게 진심으로 순종해야 합니다. 이런 이유로 헤세드는 언약적 사랑이며 관계적 사랑이지요.

여기서 잠깐 노아의 이야기를 살펴보지요. 노아는 당시에 가장 의롭고 흠이 없고 하나님과 동행한 사람이었습니다(『성경』, 「창세기」 6장 9절). 노아가 생존했던 세상은 썩은 대로 썩어서 무법천지이었습니다. 오죽하면 하나님 자신이 직접 창조한 사람을 다 쓸어버리겠다고 하겠습니까. 이는 생명의 근원인 하나님의 영이 사람에서 떠난 결과입니다. 그럼에도 하나님의 헤세드는 노아를 선택했고, 노아는 이에 순종하고 하나님은 노아와 새로운 언약을 맺게 됩니다. 이는 언약적 사랑인 헤세드가 하나님의 신실성에 의해서 보장된다는 것을 의미합니다. 더 나가서 하나님의 헤세드는 의인이나 악인이나 관계없이 모든 사람에게 공평하게 베풀어집니다(『성경』, 「마태복음」 5장 45절). 심지어 "너희는 원수를 아가페하며 너희를 미워하는 자를 선대하며 너희를 저주하는 자를 위하여 축복하며 너희를 모욕하는 자를 위하여 기도하라"처럼 하나님의 헤세드는 원수를 사랑하라고 우리에게 명령합니다(『성경』, 「누가복음」 6장 27절). 결국 무제한적 사랑인 하나님의 헤세드는 예수에 의해서 조건 없는 용서로 나타나 우리에게 원수를 사랑하라고 촉구합니다.

여기서 잠시 사람을 사랑한다는 의미가 함축된 유교의 인과 원수를 사랑하라고 촉구하는 기독교의 헤세드의 차이를 『논어』의 "이직보원以直報怨(올바름으로 원망을 갚는다)"에 대해서 주희는 "올바름으로 원망을 갚는다는 것은 칭찬을 할 것에 대해서는 칭찬하고 벌을 줄 것에는 벌을 주고, 마땅히 살려야 하는 것은 살리고 마땅히 죽어야만 하는 것은 죽는 것이어서 거기에는 원망함이 없다. 자기 자신이 그에 대해서 품고 있는 원망이 더하거나 줄거나 하는 것을 의미하는 것이 아니다"와 같이 해석을 합니다(『朱子語類』 권44). 즉 주희에 의하면 "이직보원"은 공평무사한 입장에서 공정하고 타당한 기준에 따라 처리를 해야 한다는 것으로 개인적 원망을 단절하려는 사상입니다(『朱子語類』 권44). 이것은 "어진 사람이라야 사람을 좋아할 수도 있고 싫어할 수도 있다"는 것처럼 개인적인 감정이나 자기중심적인 생각으로 판단하지 않을 때만 가능한 것입니다(『論語』, 「里仁」).

『논어』의 "이직보원"과 같은 패턴의 표현으로는 『예기』에 보이는 "이원보덕以怨報德(원망으로 덕을 갚는다)"과 『주자어류』에 보이는 "이덕보원以德報怨(덕으로 원망을 갚는다)"과 "이원보원以怨報怨(원망으로 원망을 갚는다)" 등이 있습니다. 원망으로 원망을 갚는다는 "이원보원"은 복수로 치닫는 보복주의에 해당합니다. 그리고 이에는 이 눈에는 눈이라는 동해보복의 원리에는 복수를 조장하려는 의도가 아니라, 원래의 피해보다 파괴적인 보복을 제한하려는 목적이 있고 더 나가서는 모든 사람이 똑같이 취급되어야 한다는 사고방식이 이면에 있습니다(하워드 제어, 손진 옮김, 『회복적 정의란 무엇인가?』, korea Anabaptist Press, 2010). 이런 동해보복의 원리는 개인적 원망을 단절하려는 의미가 함축된 "이직보원"에도 적용됩니다. 한편 주희는 덕으로 원망을 갚는다는 "이덕보원"에 대해서 "덕으로 원망을 갚는다는 것은 스스로 타인을 용서할 수 있다면 타인이 자신을 원망하는 것은 피할 수 있다는 것이다"고 해석합니다. 그러나 주희는 "이덕보원"을 사사로운 것이며 거짓이며 진실이 아니라고 하면서 도저히 행할 수 없는 행위라고 단정합니다(『朱子語類』권44).

결국 유교의 입장에서 원수를 사랑하라는 기독교의 가르침은 위선이 됩니다. 원수를 사랑한다는 것은 인간의 인정을 초월한 것으로 주희의 말처럼 가식적인 행위일 수 있습니다.

인간의 인정으로는 도저히 불가능한 원수를 사랑하는 행위는 어떻게 가능할까요. 마태복음 5장 45절은 원수를 사랑하라는 44절을 받아 "그러면 너희는 너희의 참된 자아, 하나님이 만드신 자아를 찾게 될 것이다. 하나님도 그렇게 하신다. 그분은 착한 사람이든 악한 사람이든 친절한 사람이든 비열한 사람이든 상관없이, 모두에게 가장 좋은 것, 해의 온기와 비의 양분을 주신다"고 되어 있습니다. 이는 원수를 사랑해야 하나님이 만든 온전한 자아를 찾게 된다는 것입니다. 이 길은 예수를 나의 구세주라고 입으로 고백하는 일에서 첫 발을 내디딜 수 있습니다. 그러나 키포인트는 온전한 하나님의 자녀로 참자아를 찾는 것입니다.

온전한 하나님의 자녀는 하나님의 나라에 머무는 자입니다. 하나님의 나라는 하나님의 통치가 이루어지는 곳입니다. 다시 말하면 하나님의 무차별적인 사랑과 자비가 특별하고도 완벽하게 이루어지는 곳이 하나님나라입니다. 그래서 하나님나라는 하나님이 자식을 절대적으로 사랑하고 용서의 자비를 통해서 새 창조의 아버지로 체험되는 곳입니다(조경철, 「예수의 원수사랑 계명과 하나님나라 선포: 예수의 하나님나라 윤리에 관한 연구」,《신학과 세계》41, 2000).

예수가 비유한 선한 사마리아인은 하나님의 무차별적인 사랑을 체험한 사람이었을 것입니다. 길가에 쓰러져 있는 유대인을 본 사마리아인은 그를 응급처치를 한 다음에 여관으로 데려가, 심지어 여관주인에게 그가 회복할 때까지 보살펴주길 부탁하며 비용까지 지불하고 떠납니다. 유대인과 사마리아인은 철천지원수지간이었습니다(『성경』, 「누가복음」 10장 25-37절). 그러나 우리는 성경의 선한 사마리아인이 아니라도 손양원 목사를 통해서도 하나님의 무차별적인 사랑이 주희가 말하는 위선이

아님을 반증할 수 있습니다. 기독교인뿐만 아니라 비기독교인에게도 사랑과 존경을 받는 손양원 목사는 누구에게도 보상을 바라지 않고 한센병 환자를 위한 헌신적인 봉사를 했을 뿐만 아니라 두 아들을 살해한 사람을 양아들로 삼았습니다. 손양원 목사의 원자탄 같은 사랑은 하나님의 헤세드의 현현이며, 현재적 하나님나라의 실현입니다.

따라서 하나님나라를 실천하는 사람은 하나님의 영이 전적으로 개입해 하나님의 자녀가 되어 하나님처럼 예수처럼 무차별적으로 사랑하며 대가 없는 희생과 용서를 실천하는 사람입니다. 바울에 의하면 하나님의 자녀가 되는 순간 우리는 옛사람에서 새사람으로 신분이 바뀌게 되어 화해를 지향하는 새로운 피조물이 됩니다(『성경』,「에베소서」 2장 14-16절) 즉, 예수 그리스도의 십자가 사건이 우리의 존재가 옛사람에서 새사람으로 변화하는 기점이 됩니다. 그러나 새사람이 되는 동시에 "하나님께서 너희에게 하시는 것처럼, 너희도 다른 사람들을 대할 때에 너그럽고 인자하게 살아라"처럼 성숙한 사람이 되어야 하는 의무가 부여되었습니다(『성경』,「마태복음」 5장 48절).

예수가 세상의 죄를 속량하러 성육신하여 이 땅에 온 이후, 기독교의 관점에서 보면 사람을 3가지 유형으로 나눌 수 있습니다. 첫 번째 유형은 육신의 모양으로 이기적으로 살아가는 사람, 즉 성령의 일들을 받아들이지 않는 비그리스도인들입니다(『성경』, 「고린도전서」 2장 14절). 그래서 에베소서에서는 "세상의 풍조를 따르고 …… 육신의 욕심을 따라 지내며 육신과 마음의 원하는 것을 하여 다른 이들과 같이 본질상의 진노의 자녀이었더니"라고 설명합니다(『성경』, 「에베소서」 2장 2-3절).

"이들"은 타락한 인간으로 "우리가 알거니와 우리의 옛사람이 예수와 함께 십자가에 못 박힌 것은 죄의 몸이 죽어 다시는 우리가 죄에게 종 노릇 하지 아니하려 함이니"처럼 옛사람입니다(『성경』, 「로마서」 6장 6-7절). 옛사람은 구원 이전의 상태로 본질적으로 죄에 이리저리 휘둘리는 삶으로,[5] 자기의식에 따라 스스로 살아가는 존재입니다.

그러나 "옛사람과 그 행위를 벗어 버리고 새사람을 입었으니 이는 자기를 창조하신 이의 형상을 따라 지식에까지 새롭게 하심을 입은 자라"처럼, 예수 그리스도가 우리 죄를 대신하여 십자가에 죽고 부활했다는 것을 믿고 그의 죽음과 부활함에 믿음으로 동참하여 하나님의 자녀가 되면 예수 그리스도 안에서 거듭난 새사람이 됩니다(『성경』, 「골로새서」 3장 9-10절).

구속의 사건으로 옛사람에서 방향 변화를 한 새사람은 아직도 세속적인 가치관에서 벗어나지 못한 세속적인 그리스도인으로, 이것이 두 번째 유형의 사람입니다(『성경』, 「고린도전서」 3

장 1-3절). "이들"은 현실적으로 죄를 짓지만 본질적으로 하나님의 본성을 나타내는 존재입니다. 왜냐하면 타락 이후 떠났던 하나님의 영이 다시 우리 안에 내주하게 되어 새로운 자아가 형성되었기 때문이지요. "하나님의 영은 이 세상을 창조하고, 구속하며, 그것을 유지시키고, 인간을 거룩하게 하는 하나님의 역동적 에너지"입니다(윤경숙, 「에베소서에 나타난 하나님 나라와 기독교 윤리」, 《신앙과 학문》 17, 2012). 예수의 죽음과 부활에 연합함으로서 옛 자아에서 거듭난 새로운 자아가 "하나님나라에 합당한 삶을 살 수 있게 만드는 윤리의 내적 기초가 "됩니다(윤경숙, 「에베소서에 나타난 하나님 나라와 기독교 윤리」). 옛사람과 새사람은 다음 같이 도식으로 비교할 수 있습니다.

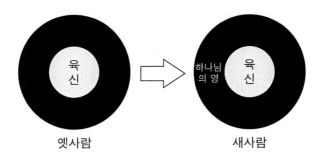

예수의 죽음과 부활에 연합함으로써 중생한 그리스도인의 삶은 "자유롭게 살되, 하나님의 영이 이끌고 북돋아주시는 대로 사십시오. 그러면 여러분은 이기심이라는 욕망에 휘둘리지 않게 될 것입니다"처럼 하나님의 영과 육신에 따른 욕망 사이에서 끊임없이 갈등하는 삶의 연속입니다(『성경』, 「갈라디아서」 5장 16절). 다시 말하면 거듭난 그리스도인의 삶은 육신과 죄에 의해 지배를 받을 것인가, 하나님의 영에 의해 다스림을 받을 것인가의 갈등의 삶입니다.

세속적인 그리스도인이 육적인 삶을 극복해 하나님의 영에 의해 다스림을 받는 삶으로 새로워지면, 하나님의 영에 속한 그리스도인으로 되는 데 이것이 세 번째 유형의 사람입니다. 하나님의 영에 속한 그리스도인은 "이제 내 자아는 더 이상 내 중심이 아닙니다. …… 그리스도께서 내 안에서 살고 계십니다. 여러분이 보는 내 삶은 나의 것이 아니라, 나를 사랑하시고 나를 위해 자기 목숨을 내어주신 하나님의 아들을 믿는 믿음으로 살아가는 삶입니다"처럼 자신의 의지와 생각으로 사는 것이 아니라 내 안에 내주하는 그리스도가 드러나는 삶을 삽니다(『성경』, 「갈라디아서」 2장 20절).

여기서 우리는 비그리스도인이었던 옛사람이 구속의 사건을 통해서 새사람이 되면, 세속적인 그리스도인에서 하나님의 영에 속한 그리스도인으로 점진적으로 새롭게 되는 삶을 살아야 하는 것임을 알 수 있습니다. 이 과정은 육체의 욕망과 영의 싸움의 장입니다. 그래서 바울은 세속적인 그리스도인에서 하나님의 영에 속한 그리스도인으로 변혁해가는 과정에 나타나는 인간의 모습을 겉사람과 속사람으로 설명합니다(『성경』, 「고린도후서」 4장 16-18절). 겉사람은 육신에 따른 욕망과 이기심, 그리고 죄의 지배를 받는 사람이며 속사람은 하나님의 영의 다스림을 받는 사람입니다. 결국 옛사람을 넘어 새사람으로 나아가고 겉사람을 딛고 속사람을 키워나가는 것이 그리스도인의 삶입니다(차정석, 「'속사람'의 신학적 인간학과 대안적 인성 계발」, 《신약논단》 18, 2011). 이런 과정을 통해서 온전한 그리스도인이 되어 완전하지 않지만 하나님처럼 될 수 있습니다. 이것은 종말론적 관점에서 성화의 궁극적 목표로 미래적 하나님나라의 현상입니다. 온전한 그리스도인에 이르는 과정을 도식화하면 다음 쪽의 그림과 같습니다.

새사람이 된 그리스도인은 겉사람과 속사람 사이의 갈등을 통해서 "그러므로 사랑을 받은 자녀같이 너희는 하나님을 본받는 자가 되고"처럼 사랑하고 용서하면서 하나님을 닮을 수 있는 것입니다(『성경』, 「에베소서」 5장 1절). 따라서 하나님의 비공유성인 전지성, 전능성, 무소부재를 제외하고는 우리는 완전

하지는 않지만 일순간이라도 하나님처럼 될 수 있습니다. 이
를 위해서 마땅히 힘써야 하는 것이 그리스도인의 삶이 아닐까
요.[6]

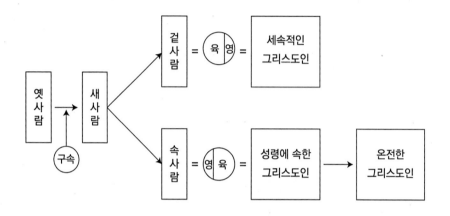

어쨌든 이상에서 살펴본 유교적 인간다움에 이르는 과정과
기독교적 인간다움에 이르는 과정을 간략히 도식화해 비교하
면 옆의 그림과 같고, 인간의 보편성과 그에 따른 보편적 가치
를 추출할 수 있습니다.

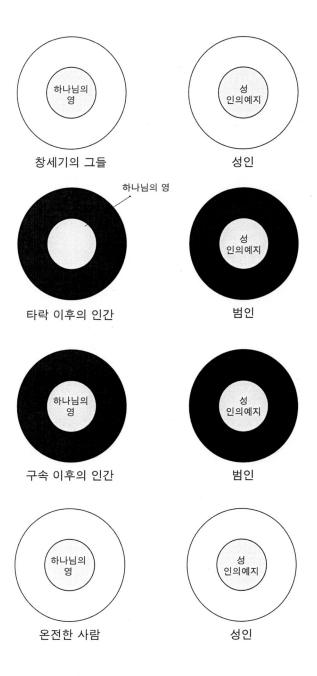

하나님의 영

창세기의 그들   성인

타락 이후의 인간   범인

구속 이후의 인간   범인

온전한 사람   성인

6장

정의

사회변화가 격심한 현대사회에서 기존의 도덕적 규범을 그대로 적용함으로써 해결할 수 없는 사건과 사태를 윤리적 결단를 내릴 때 상황이 갖는 의의에 착목해 해결하고자 시도한 것은 상황윤리에 함축된 윤리적 사고라고 말할 수 있습니다. 상황이 윤리적 결단에 대해서 갖는 영향을 윤리적 판단 가운데에 도입한 것은 규범과 상황의 상극을 클로즈업한 것으로 이해할 수 있습니다.

잠시 일상에서 접할 수 있는 규범과 상황의 갈등을 소개해보겠습니다.

미국 댈러스의 한 병원 앞에서 일어난 일이 MBC 〈뉴스 테스크〉에서 전파를 탔습니다. 모츠 씨 가족은 유방암으로 투병하던 장모가 위독하다는 전화를 받고 급히 병원으로 달려가던

길에 신호를 위반했습니다. 경관은 신호 위반을 한 모츠 씨 가
족들을 가로막았습니다. 한참이나 실랑이가 계속된 후 모츠 씨
부인만 겨우 병원으로 들어갔지만, 모츠 씨는 끝내 장모의 임
종을 지키지 못하고 맙니다. 댈러스 경찰국은 모츠 씨 가족에
게 공식 사과하고 문제의 경관에게는 휴직 명령을 내렸습니다.
경찰관과 모츠 씨의 대화의 일부는 다음과 같습니다.

> 경관: 신호 위반하셨어요.
> 모츠: 장모님이 위독해요! 시간 없어요!
> 경관: 그렇다고 신호를 위반하시면 안 되죠.
> 모츠: 장모님이 죽어가고 있어요!
> 경관: 보험 확인 안 되면 차를 견인하겠어요.
> 동료: 간호사 말이 장모가 돌아가시기 전에 들여보내 달래.
> 경관: 거의 다 됐어.

이 장면은 우리로 하여금 행위 판단의 근거는 무엇인가를 고
민하게 합니다.

다음은 SBC 〈그것을 알고 싶다〉에서 반영된 내용의 일부
입니다.

빗길 고속도로에서 갓길에 정차한 차를 발견하고 구조 활동

을 하다 죽은 설동원 씨 부부의 이야기입니다. 설동원 씨는 직접 구조 활동을 했다는 이유로 의인으로 인정받고 1억 원을 받았지만, 부인은 어린아이를 안고 수신호만 하는 간접 구조 활동했다는 이유로 의인으로 인정받지 못했습니다. 유가족들은 남은 아이에게 엄마의 죽음의 의미를 알려주기 위해서 설동원 씨 부인도 의인으로 인정해 달라는 이의신청을 법원에 제출합니다. 그러나 담당판사는 이의신청을 할 수 있는 기간 90일을 초과했다는 이유로 기각하고 맙니다. 기각을 내린 담당판사의 결정에는 아무런 문제가 없지만 뭔가 매몰차지 않았나 하는 생각이 드는 것은 왜 일까요.

이상의 예는 우리로 하여금 행위 판단의 근거는 무엇인지 고민하게 합니다.

규범윤리의 입장은 도덕적 법칙과 원리가 시간과 장소의 변화, 즉 상황과 관계없이 보편적 타당성을 갖는다는 사고를 전제로 합니다. 그래서 상황이 윤리의 요소로 등장할 때, 규범의 타당성과 기능은 정면으로 도전받게 되지요. 다시 말하면 종래의 전통적인 규범윤리에서는 행위의 선과 악, 옳음과 그름을 결정하는 것은 도덕규범에 대한 일치와 불일치였습니다. 그러나 상황이 행위에 대한 윤리적 판단의 요소로서 개입함으로써 규범의 타당성 혹은 그 범위는 상황의 영향을 받게 됩니다. 이것은 윤리적 사고에서의 하나의 새로운 국면으로서 이해됩니다. 예를 들면 도덕적 의무를 가지면서 동시에 그것을 행해서는 안 되는 도덕적 이유를 내세우는 상황은 분명히 도덕적 딜레마의 전형적인 케이스입니다.

이러한 도덕적 상황의 예는 다음과 같다.

남녀 간에 주고받기를 친히 하지 않는 것이 예禮이다. 형수가 물에 빠졌으면 손으로서 구원하는 것은 권權이다.[1]

예수께서 이르시되 너희 중에 어떤 사람이 양 한 마리가 있어 안식일에 구덩이에 빠졌으면 끌어내지 않겠느냐. 사람이 양보다 얼마나 더 귀하냐 그러므로 안식일에 선을 행하는 것이 옳으니라 하시고.[2]

먼저 여기에서는 남녀가 직접 손을 잡아서는 안 된다고 하는 행위 규범으로서 예가 있습니다. 거기에 형수가 물에 빠져서 목숨이 위태로운 사태가 일어났습니다. 그 경우 남녀가 손을 잡아서는 안 된다는 예를 지키지 않으면 안 되는 도덕적 의무와 그것을 그대로 수행하면 형수의 생명을 잃게 되는 것도 도덕적으로 잘못된 행위임에 틀림없습니다. 그래서 남녀가 손을 잡아서는 안 된다고 하는 예를 위반하고 손을 뻗쳐서 구조한 행위를 권으로서, 기존의 도덕법칙보다도 그 우위성을 가진 것으로 인정하는 것입니다. 즉 권은 상황이라는 요소를 윤리적 판단에 끌어들인 것으로 이해될 수 있지요.

십계명은 하나님이 이스라엘에게 직접적으로 말씀하신 자명하고 절대적인 계명입니다. 안식일을 기억하고 거룩하게 지키는 것은 십계명의 네 번째 계명입니다. 그러나 예수는 법적 틀에 놓여 있던 안식일을 어기고 선을 행하라고 합니다. 이것은 앞서 언급한 권처럼 안식일을 어기고 선을 행하는 것이 율법보다도 우위에 있음을 시사합니다. 안식일을 지키는 것보다 선을 행하라는 예수의 언급은 맹자의 권과 마찬가지로 윤리적 판단 기준을 상황에 둔 것으로 이해할 수도 있지요.

어쨌든 권과 안식일을 어기는 행동은 기존의 규범과 율법을 어기는 것에서 시작됩니다. 즉 거짓말을 하지 말라, 약속을 지켜라, 교통 법규를 지켜야 한다, 신하는 몸과 마음을 다해서 군주에게 충성을 다해야 한다[君臣有義], 안식일을 지켜라 등을 어기고 거짓말해야 하고, 약속을 어기고, 신호 위반을 하고, 심지어는 군주를 시해하고(『朱子語類』 권37), 안식일을 어기는 데까지 이릅니다. 여기에 권을 실행하고 안식일을 어기는 어려움이 있는 것이지요.

한편 우리가 일상에서 도덕적 딜레마를 직면했을 때, 우리가 어떻게 판단하고 처리할 것인지를 무수한 실례를 통해서 제시한 것이 최단 기간 판매부수 100만 부라는 경이적 기록을 세운 마이클 샌델의 『정의란 무엇인가』입니다. 마이클 샌델은 공리주의, 칸트의 의무론, 자유지상주의 등을 통해서 과연 정의란 무엇인지 진단하고 있습니다.

따라서 이 장에서는 먼저 규범과 상황의 갈등을 어떻게 해소해야 하는지에 대한 지혜를 맹자의 권설에 대한 주희의 해석을 통해서 알아보고, 『정의란 무엇인가』에서 다루는 공리주의, 칸트의 의무론, 자유지상주의 등을 통해서 과연 정의란 무엇인지 살펴보겠습니다. 그리고 이 이론들이 사회복지 이념과 어떻게 관련되어 있는지를 밝히면서, 공리주의와 자유지상주의의 폐단을 파헤쳐 공공성에 대한 의미를 되새겨보고, 공공성의 개화를 지향하는 공공철학을 소개하고자 합니다. 이 작업을 위해서 영화 〈휴 그랜트의 선택〉의 몇 장면을 참고하면서 공리주의와 자유주의, 칸트의 정언명령 등을 설명하겠습니다.

규범과 상황의 갈등을 해소한 유교의 권설權說

현실은 법칙대로 움직이지 않고 예측 불허한 많은 사태로 지배 당하고 있습니다. 이와 같은 수많은 예측 불허의 사태를 유교에서는 세勢[3]라는 용어로 파악합니다. 그래서 세 가운데 살아가야 하는 인간에게는 일련의 질서를 갖고 변화해가는 세에 대한 대응과 예측할 수 없는 원인에 의해서 돌발적인 현상이 발생했을 때, 그 이상 사태에 대응하는 처리 수단이 문제가 됩니다. 전자를 경經[4]이라고 하고, 후자를 권이라고 합니다. 달리 말하면 전자는 정상적 상황으로 실천적인 도덕적 문제를 기존의 도덕적 규범에 따라 행위하는 것이고, 후자는 기존의 규범도 직면하는 상황의 독자적 요구에 응답할 수 없기 때문에 위반을 예외적인 케이스로 하고 인정하는 행위입니다. 어쨌든 권의 의미를 파악하기 전에 세와 권이 어떤 관계에 있는지 알아보기로 합니다.

세의 의미

권의 전거로서 유명한 것은 앞서도 언급한 『맹자』입니다. 다만 세의 용례는 『맹자』에는 단편적으로 나타날 뿐 체계적으로 기술되어 있지 않습니다. 그러나 이들 용례[5]를 통해서 세가 상황, 취향趣向, 힘, 권세 등의 의미를 함축하는 용어임을 알 수 있습니다. 이와 같은 다의성을 보이는 세는 권력, 특히 군주의 절대적인 권위를 일컫는 말로 전국 시대의 명가, 법가, 잡가 등에 의해서 사용되었습니다.

한편 주희는 도학道學의 시조로 불리는 주돈이의 『통서通書』 세장勢章에 있는 "천하는 세뿐이다. 세에는 경중이 있다"(『通書』 勢章)에 "한번은 가벼워지고 한번은 무거워지면 세는 반드시 무거운 쪽으로 기울고 가벼운 쪽은 점점 가벼워지고 무거운 것은 점점 무거워진다"고 주를 달고 있습니다(『通書解』 勢第 27). 여기에서 세에는 변화와 유동성의 특색이 함유됨을 알 수 있습니다. 이러한 주희의 해석이 구체적으로 적용된 것이 은주정혁 殷周鼎革을 세를 이용해서 설명하는 다음의 예입니다.

a주나라는 이전부터 축적되어 온 이래로 그 세가 매일매일 강해지

고 더욱 상나라가 무도無道의 정치를 할 때는 천하가 주나라로 기울어 그 세가 자연히 그렇게 되었다. b문왕에 이르러서는 천하의 삼분의 이가 그를 따랐지만 상(은)에 복종하니, 공자가 그의 지덕을 찬양하였다. 만약 문왕이 아니었다면 (상나라를) 취했을 것이다. …… c주돈이가 말하길, '천하는 세뿐이다. 세에는 경중이 있다.' 주나라의 기업基業이 날로 강성해졌다. 그 세가 이미 강해지고 백성들도 역시 날로 (주나라로) 향하고 그 세가 점점 강해졌다. 이편이 강해지면 저편이 자연히 약해지는 것은 세이다.[6]

위 인용문의 내용은 주나라의 국력의 축적, 은나라의 무도無道, 민심의 변화 같은 당시의 구체적인 시대 상황에 의해서 주나라의 세력이 강하게 되고 천하의 권력이 주나라로 기울어, 주나라의 세력은 점점 강하게 된 것에 비례하여, 은나라의 세력은 점점 쇠약해져가는 것을 나타내고 있습니다. 그것을 도식으로 나타내면 다음 쪽의 그림과 같이 됩니다.

X는 은나라, Y는 주나라, ↗ 는 X와 Y 사이에서의 힘의 역학관계에 따라 형성된 천하의 권력으로서의 세를 나타냅니다. ↓는 은나라의 힘으로서의 세가 점점 약해지는 것, ↑는 주나라의 힘으로서의 세가 점점 강해지는 것을 나타냅니다. 위의 인용문의 방선 a와 c가 그 내용에 해당됩니다. ★는 천하의 삼분

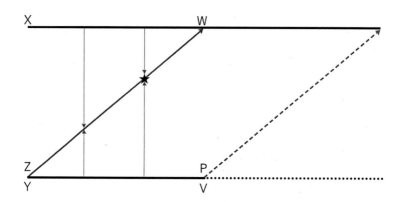

의 이를 차지하면서도 폭군인 주에게 복종한 문왕의 때이며, 위 인용문의 방선 b에 해당합니다. W는 천하의 권력이 주나라로 편입된 시점으로 구체적 사건으로는 "문왕은 주왕을 방벌하려는 마음이 없었으나 하늘의 뜻과 민심이 돌아서서 그 세는 반드시 주왕을 정주征誅한 후에 멈춘다"가 거기에 해당합니다 (『朱子文集』 권39). V …… 는 W와 대립관계를 갖는 것이고, P.⟶ 는 W와 V에 영향을 받으면서 돌진해가는 새로운 천하의 권력으로서의 세가 될 것입니다. 그리고 ★와 W는 "탕湯과 무武의 정벌과 '천하의 삼분의 이를 소유한 것'은 (중략) 이것은 매우 중요한 일로 성인聖人이 아니면 행할 수 없으니 어찌 소덕小德이라고 말할 수 있겠는가. 이것은 도의 권이다"처럼(『朱子語類』 권49), 문왕(★)과 무왕(W)의 조치, 즉 권이 이루어지는 시점입니다. 이처럼 주희는 문왕과 무왕의 행위 모두를 "도의 권"이라고 하지만, 권에는 세가 극단에 이르기 전의 각 시점에서의 권과 세가 절정에 이르렀을 때의 권가 있는 것입니다. 전자는 아직 기존의 도덕적 규범을 갖고 윤리적 판단이 가능한 상황에서의 대응을 일컫습니다. 그러나 후자에서는 비정상적이라고 말할 수 있는 한계상황에서 도덕적 규범을 위반하는 행위를 예외적 케이스로서 인정하는 행위를 의미합니다.

앞서 은주정혁을 세를 이용해서 설명한 주희는 이 과정에 일어난 문왕과 무왕의 행위를 권으로 규정했습니다. 이 권은 "(문왕이) 은나라를 섬긴 일과 (무왕이) 주왕을 방벌한 일은 같지 않지만 때에 따라 하늘[天]에 순종했다는 면에서는 동일하다"고 하면서 권을 "수시순천隨時順天"으로 규정합니다(『朱子文集』 권56).

『맹자』의 권의 해석

권의 용례는 『논어』, 『맹자』, 『주역』 등에 보입니다. 이들 용례 가운데 맹자를 중심으로 분석해보면, 권이 중中, 특히 시중時中과 관련하며 때의 마땅함에 따르는 것이라는 사실에서 권은 변화해가는 상황에 기초한 가장 적절한 행위와 수단임을 추측할 수 있습니다(『孟子』, 「盡心上」). 여기서 말하는 중이란 1에서 3 사이의 중간인 2가 고정불변인 것처럼 수학적 의미가 아닙니다. 시중의 의미는 지금은 박물관에서나 볼 수 있는 대저울의 저울추를 생각하면 됩니다. 다음 쪽의 그림처럼 고리에 물건을 달고 저울추를 좌우로 움직여서 서로 수평이 되었을 때, 막대에 새겨진 눈금을 읽어 무게를 답니다. 무게를 잴 물건의 무게에 따라서 저울추를 움직여 수평을 맞추듯이 시중은 그때 그 상황에 가장 적절함을 의미합니다. 매장에서 옷을 시착할 때 사용하는 공간을 '피팅룸fitting room'이라고 하는 것처럼 시중의 중

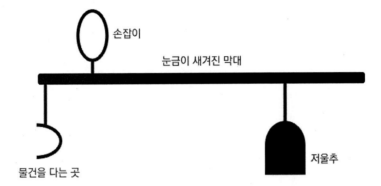

손잡이

눈금이 새겨진 막대

물건을 다는 곳

저울추

은 '피팅'을 연상하면 됩니다.

그리고 권의 의미에 사물의 경중을 헤아린다는 권의 동사적 의미가 부여되면 권은 그때 그 상황에 대응해서 경중을 헤아려 시의時宜에 적절한 행위와 수단이 됩니다. 이상이 넓은 의미의 권입니다. 한편 "남녀 간에 주고받기를 친히 하지 않는 것이 예禮다. 형수가 물에 빠졌으면 손으로서 구원하는 것은 권權이다"의 경우, 권은 불변적인 도덕규범인 예를 어긴 행위로 의미가 부여되고, 이른바 경經과 상반관계가 되어 예보다 우선시되는 긴급사태의 조치를 가리킴을 알 수 있습니다(『孟子』, 「離婁上」). 이것이 좁은 의미의 권입니다.

넓은 의미의 권의 경우, 권은 끊임없이 연속하는 시간 가운데 인간이 처한 어떤 시점의 상황에 바로 대응하는 행위와 수단이어서, 일상적 장면이든 비일상적인 장면이든 적용 가능한 일반 개념이 됩니다. 그렇다면 긴급사태의 조치로 의미가 부여된 좁은 의미의 권은 넓은 의미의 권이 갖는 의미 내용 가운데 비상사태가 일어난 경우에서 인간의 조치로 제한됩니다. 달리 말하면 전자는 실천적인 도덕적 문제를 기존의 도덕적 규범에 의해서 처리하는 정상적 상황의 일이고, 후자는 기존의 규범이 대답할 수 없는 한계적 상황의 일입니다. 어쨌든 권은 넓은 의미와 좁은 의미로 크게 둘로 나눌 수 있지요.

한편 권이 사물의 경중을 헤아리는 것에 그치지 않고 마음의 올바른 상태에서 일을 도모한다는 의미로서 사용되는 경우도 있습니다(『孟子』, 「梁惠王上」). 더 나아가서는 권을 실행하는 목적은 도리를 해쳐서는 안 된다는 불가결한 필수조건을 완수하는 데 있습니다(『孟子』, 「盡心上」).

따라서 권의 용례가 단지 3개에 불구하고 비연속적으로는 보이지만, 『맹자』에는 넓은 의미와 좁은 의미로서의 권의 의미와 권의 목적이 논해지고 더욱 권을 행사하는 주체에게 마음의 합리적인 상태를 요구하는 단서를 제공했다고 말할 수 있습니다.

주희의 권설

주희에 의하면 경經은 일정한 법칙, 질서를 가지면서 변화해가는 세에 대한 행위이며, 권은 예상 밖의 세의 돌발적인 이상사태에 대한 행위입니다. 그리고 어떤 제도나 원리와 충돌하는 경우, 세는 우위성을 갖는 만큼 인간의 행위와 행동에 직접으로 영향을 끼칩니다. 즉 "문왕이 주왕을 방벌하려는 마음이 없었고 하늘의 뜻과 민심이 돌아서서 그 세는 반드시 주왕을 주살誅殺하고 나서야 그친다"에서 알 수 있듯이 주왕을 방벌하고 천하를 얻은 무왕의 행위(권)는 세에 의해서 타당성을 획득합니다. 그리고 무왕의 행위는 도덕규범으로서 경經인 군신유의를 어긴 이른바 "반경反經"이기도 합니다(『朱子語類』 권39).

이를 통해 세는 경을 위반하는 원인이 됨과 동시에 권에 합리성을 부여하는 원리가 되는 이중의 작용임을 알 수 있습니다. 그리고 "권은 시중이니 중하지 않으면 권이라고 할 수 없다"처럼 시중은 권이 권으로서 성립하기 위한 필수조건입니다. 그리고 중은 일정한 규준規準이 없이 그때 그 상황에서 그 의미가 충족됩니다. 그것은 행위의 근거가 절대적 가치나 보편적 규범에 있지 않고, 그때 그 장소에서 상황 그 자체에 따른 적절한 모습에 있음을 드러냅니다.

한편 주희는 움직임과 고요함, 음과 양, 선과 악, 이야기와 침묵, 더욱 굴신소장성쇠屈伸消長盛衰 같은 시간적으로 서로 짝을 이루는 것도 포함한 모든 만물이 상대관계를 갖고 있음을 만물의 자연스러운 본연의 모습으로 간주하고, 세계의 구조를 관계 카테고리로 파악합니다(『朱子語類』 권95). 이와 같은 관계 카테고리를 갖는 현상계와 항상 대면하는 행위자에게는 상황의 상대적인 사실을 어떻게 파악하는지가 요구됩니다. 그것은 일정한 원리를 근거처로 삼고 행위를 하는 것이 아니라, 시중을 행위의 바로미터로 삼음을 의미합니다.

그리고 주희에 의하면 중은 아직 마음이 발동하지 않을 때

치우침이 없는 마음의 본연의 상태를 형용한 말이고, 시중은 마음이 외계와 접했을 때, 본래성을 상실함이 없이 눈앞에 나타나는 외물에 대한 적절한 대응을 할 수 있는 마음의 상태를 나타내는 말입니다(『朱子語類』 권62). 이것은 주희가 권을 행사하는 주체에게 모든 상황에 바로 대응할 수 있는 마음의 상태를 유지할 것, 즉 거경居敬을 요구한 근거가 되기도 합니다. 경敬은 앞서 케어윤리에서 언급했듯이, 티끌이 하나도 없는 마음으로 심리학에서 말하는 몰입해 있는 상태의 마음인 플로우 flow에 견줄 수 있습니다. 어쨌든 권을 실행하기 위한 대전제는 행위자가 공평무사한 마음을 갖고 있어야 한다는 것입니다.

이처럼 주희에게 시중은 개개의 상황에서 적절함이기도 하고, 시시각각으로 변해가는 상황에 즉각적으로 대응할 수 있는 마음의 상태이기도 합니다. 그와 같은 이중성은 외계의 질서, 법칙인 사물의 이치[理]와 마음에 내재한 만물의 이치가 갖추어졌다는 성性이 항상 동일선상에서 대칭한다고 하는 내외일치의 인식에 기반을 두고 있습니다(『朱子語類』 권21; 『朱子語類』 권100; 『中庸章句』; 『孟子集注』, 「盡心上」).

한편 주희는 권의 실행을 성현聖賢에 국한합니다. 왜냐하면 성현이야말로 그때 그 장소에서 상황 그 자체에 따른 적절한 방법을 발견할 수 있기 때문입니다. 바꾸어 말하면 성현만이 각 상황에서 마땅히 해야만 하는 이치에 완전히 동화되어서 모든 사태에 자연히 대응할 수 있기 때문입니다. 이처럼 성현에게 경과 권은 대립하는 관계가 아니라 그 장소밖에 없는 이치에 입각한 행위로서 자연히 받아들여지는 것입니다.

그러나 일반인은 이치를 무시할 수밖에 없는 상황에 직면했을 경우, 기존의 만세불역萬世不易의 상도常道로서 경과 이상 사태에 바로 대응하는 권이 충돌하는 형태가 됩니다. 예를 들면 앞서 언급한 맹자처럼, 형수의 생명을 구하는 경우와 남녀가 직접 손을 잡아서는 안 된다는 2개의 이치가 충돌하는 경우입니다. 그래서 세勢 가운데에서 살아가야 하는, 즉 상황 내 존재인 인간에게 경 대 권이라는 도식은 중요한 의미가 있습니다. 그것은 권설이 상황이라는 새로운 요소를 윤리적 판단에 끌어들인 것임을 암시하고, 규범과 상황의 관계가 문제시됨을 의미합니다.

권이 상황을 중시한다고 해서 권을 바로 상황윤리로 단정하는 데는 신중해야 합니다. 조셉 플레처의 상황윤리는 규범의 윤리적 기능과 역할이 갖는 의미를 부정하거나 무시하지는 않습니다. 그러나 그의 이론 전개는 규범이 갖는 윤리적 기능과 필요성에 관해서는 관심을 갖지 않고, 일방적으로 윤리적 상황에 대해서만 관심을 집중합니다(조셉 플레처, 이희숙 옮김, 『새로운 도덕 상황윤리』, 종로서적, 1989). 즉 윤리적 결단의 상황적 성격을 강조한 나머지 도덕적 규범을 등한시하거나 무시하는 잘못을 범했습니다. 그래서 선하거나 악하다는 판단보다는 그 상황에 적합한지를 문제로 삼는 상황윤리는 규범과 원칙을 무시하여 단순한 편의주의로 내딛을 위험성을 내포하고 있습니다. 이런 의미에서 유가윤리를 상황윤리로 단정하는 데는 무리가 따릅니다(박제주, 「狀況倫理로서의 儒家의 中庸倫理」,《東西哲學研究》제43호, 2007).

맹자의 권을 둘러싼 대표적인 정의로는 한유漢儒의 '반경합도反經合道[경을 위배했지만 (결과적으로) 도에 일치하는 것]'와 한유의 '반경합도'가 지나치게 '반경'에 역점을 두어 권모술수가 되었다고 비판한 정이程頤의 '권지시경權只是經[권은 경이다]'이 있습니다(『河南程氏遺書』권18). 그러나 정이의 정의는 경과 권의 구별이 없게 되어 경과 권 사이의 본말관계가 성립하지 않는 가능성을 내포합니다. 다시 말하면 정이의 정의는 규범을 지켜야 할 것인가 아니면 상황에 따라야 할 것인가 하는 대립관계보다도 그때 그 장소의 도리에 따른 행위로서 의미를 강하게 부각합니다. 그래서 상도常道로 경을 적용할 수 없게 되는 상황에 직면하면, 행위 주체에게 보편규범과 특수사태 사이에서 긴장관계가 약하게 되어, 도덕규범의 기능과 의미를 등한시할 수 있게 됩니다. 마치 상황윤리처럼 말입니다.

그래서 주희는 한유의 권설과 정이의 권설을 비판적으로 수용 절충하고,[7] 그 위에 양시楊時의 '권자權者, 경지소불급經之所不及(권은 경이 미치지 못하는 바다)'를 도입해 자신의 권설을 확립합니다(『朱子語類』 권37). 양시의 명제는 권이 경을 적용할 수 없는 상황에 바로 대응할 수 있는 보완적 수단임을 암시합니다.

주희의 권설[8]에서 경과 권의 관계[9]를 도식화하면 다음 쪽의 그림과 같습니다.[10]

이상의 도식을 구체적으로 설명해보지요. 앞서 언급한 것이지만, 도덕적 의무를 가지면서 동시에 그것을 행해서는 안 되는 도덕적 이유를 갖는 도덕적 딜레마의 전형적인 케이스인 "남녀 간에 주고받기를 친히 하지 않는 것이 예禮다. 형수가 물에 빠졌으면 손으로서 구원하는 것은 권權이다"에서, 예와 권과의 대립은 a의 권을 실행하기 이전의 경과 권의 상반관계에 해당합니다. b는 형수가 물에 빠진 것과 남녀가 직접 손을 잡아서는 안 된다는 예(좁은 의미의 經)를 행할 수 없는 사태가 일어나므로 권의 실행이 필요하다는 인식이 생긴 시점을 나타내는 그림입니다. c는 손을 뻗친 행위는 분명히 남녀가 직접 손을 잡아서는 안 된다는 예(좁은 의미의 經)를 위반한 행위이지만 구조를 위해서 행한 것으로, 경의 보완적 수단으로서의 권이 경

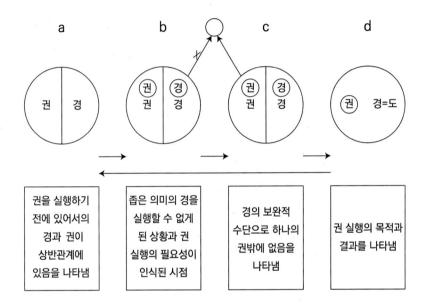

a   b   c   d

| 권을 실행하기 전에 있어서의 경과 권이 상반관계에 있음을 나타냄 | 좁은 의미의 경을 실행할 수 없게 된 상황과 권 실행의 필요성이 인식된 시점 | 경의 보완적 수단으로 하나의 권밖에 없음을 나타냄 | 권 실행의 목적과 결과를 나타냄 |

을 적용할 수 없는 사태에 바로 대응한 것을 나타낸 그림입니다. 그리고 그 행위는 상위 개념으로서 도道에 보증을 받음으로써 기존의 도덕법칙보다도 그 우위성을 갖게 되는 거죠(『朱子語類』권15). 어쨌든 권을 시행할 때 '권지시경'이라는 정이의 권설은 적용할 수 없습니다. 그리고 '권지시경'은 권의 목적·결과를 나타낸 것으로, 그것을 표시한 것이 d입니다. 권은 경을 행할 수 없게 된 그때 그 장소에서 행하는 일시적 조치이며, 사태가 수습되면 그것은 도에 흡수되어 다음의 대상에 대해서는 새롭게 경 대 권이 의식됩니다. 그것을 표시한 것이 d에서 a로 되돌아가는 화살표이지요. 그것은 사건과 사태에 대응하는 경우, 경 대 권이라는 도식이 항상 전제가 됨을 시사합니다.

이상과 같이 사건과 사태에 대응하는 경우, 항상 '경 대 권'이라는 도식이 전제되지만 권을 실행한 경우에 실행과 동시에 그 권은 도에 해소되어, 다음의 사건과 사태에 대응할 때는 다시 '경 대 권'이라는 도식이 출발점이 되는 것입니다. 이처럼 주희에게 권은 실제적으로 현실에 대처할 때야말로 개별적으로 독자적인 장場과 의미를 갖습니다.

상황이란 개념은 상황윤리에서는 기존의 법칙과 원리를 변경시키는 기본적 요소입니다. 다시 말하면 법칙과 원리를 각 개별의 특수한 상황에 적용할 때, 법칙과 원리를 준수할 수 없는 불가피적인 상황이나, 법칙과 원리보다 더 나은 방법과 행동이 있을 수 있다는 것이지요. 따라서 양시의 정의를 자신의 권설에 도입한 주희의 권설은 이와 같은 상황적 요소를 윤리적 판단으로 삼았다고 말할 수 있습니다. 그러한 주희의 견지에서 보면 규범과 상황은 서로 대립하는 것이 아니고 상호 보충하는 역할을 짊어지고, 그 상황에 적합한 윤리적 책임을 다하는 것이 요구됩니다. 그래서 주희의 권설은 규범과 상황을 대립 관계가 아니고 상호 보완 관계로서 파악하여, 규범윤리와 상황윤리를 조화시키는 종합적 윤리를 수립할 수 있는 가능성을 내포했음을 시사합니다.

그런데 여기에서 문제가 되는 것은 권의 구체적인 내용의 선택 기준입니다. 그래서 주희는 "학자(배우는 자)는 반드시 정도正道를 이해해야만 한다. 아내를 맞이할 때는 반드시 부모님께 알려야 하는 것은 학자가 마땅히 지켜야 할 일이다. 그러나 알리지 않고 아내를 맞이할 경우, 그것은 당연히 옳지 않은 일이지만, 별도로 이해해야 한다"고 하여 마땅히 지켜야 할 도리를 깨칠 것을 강조합니다(『朱子語類』 권15). 다시 말하면 적절한 권을 실행하는 데는 먼저 경에 대한 이해가 불가결이고, 상위 개념으로서 도에 대한 인식도 필수적입니다. 그래서 성현聖賢이 아니면 권을 행할 수 없다는 의논이 나오게 되는 것이지요(『朱

子語類』권37).

  그렇다면 일반인에게는 권은 무관한 것일까요. 분명히 일반
인은 먼저 경을 염두해 두고 행위를 해야 하지만, 그것이 이루
어지지 않을 경우에 권이 요구된다고 하는 인식은 결과적으로
일반인의 행위가 도에 합치하는 가능성을 더욱 높이는 효과가
있습니다(『朱子語類』권37). 또 복수의 도리를 상정할 경우, 예를
들면『맹자』처럼 형수의 생명 구제와 손을 잡아서는 안 된다고
하는 2개의 도리가 충돌할 때, 권이라고 인정하는 쪽이 아닌
도리를 무시할 수밖에 없는 경우는 현실에는 얼마든지 가능합
니다. 일반인이 실천해야 할 수양법으로 주희는 거경居敬을 제
창하지만, 이것은 의식의 집중에 의해서 본인도 자각하지 못한
마음의 본래적 가능성을 열어가는 것입니다. 그리고 권의 내용
을 지적으로 선택하는 것이 적절하지 않을 경우에도 거경이라
면 결과적으로 권에 합치하는 경우도 있습니다. 그리고 "성인
의 마음은 안과 밖이 훤히 트이고 확연하여 일호一毫의 막힘도
없다. 따라서 끊임없이 광명하여 자연히 경敬하지 않음이 없어
서 머무는 곳은 항상 지선至善이다"와 같이, 성인은 항상 경의
심경과 일치합니다(『大學或問』). 역으로 말하면 경은 한순간일
지라도 성인과 동일한 심경을 만들어냅니다.

  주희가 권의 실행을 성현에게 국한한 것은 "권을 발휘하는

장을 가능한 한 좁히고자 하는 송학적인 입장 …… 일상생활에서의 사물의 경중을 분별하지 않는 즉 권을 이해하지 않는"것(橋本高勝,「從來の經權說と戴震の經權說,『經』と『權』-原則と例外」,『朱子學大系の組み煥え-戴震の哲學研究』, 啟文社, 1991)보다도 오히려 모든 상황에 자연히 대응할 수 있는 마음의 상태를 한없이 유지해가는 모델로서 성현이 필요했기 때문입니다.

이상에서 주희의 권설의 이론 전개는 전통적 규범윤리와 상황주의적 윤리의 상호보완성을 추구하며 양자의 대립을 지양하는 것으로 종합적 윤리 수립의 단서를 제공했다고 평가할 수 있습니다. 그리고 기존의 규범과 원리를 소홀히 하거나, 그것을 결별하거나 하는 요소를 내포하는 상황윤리의 약점을 메우고, 규범과 상황과 주체의 결합에 의해서 그 상황에 적합한 윤리적 책임을 다함을 지향하는 주희의 권설은 기존의 규범과 새로운 상황이 항상 대립하는 지금 시대에 요구되는 윤리이론으로서 평가를 받을 충분한 자격이 있다고 봅니다.

어떤 70대 노인이 병든 아내를 간병하느라 임대아파트 계약을 딸에게 부탁했는데, 무주택자가 아닌 딸은 자신의 이름으로 계약했습니다. 그러나 그것이 문제가 되어 중병에 걸린 아내와 함께 퇴거 요청 통지를 받았습니다. 노인은 소송 끝에 1심에서 패소했습니다. 법조문으로만 따지면 노인이 설 곳이 없었습니다. 그러나 항소심 재판에서 승소하게 되었지요. 항소심 재판을 담당한 판사의 판결문이 인터넷을 통해서 바이러스처럼 퍼져나갔습니다. 이하는 그 일부입니다(《조선일보》 2007년 1월 22일).

가을 들녘에는 황금물결이 일고, 집집마다 감나무엔 빨간 감이 익어간다. 가을걷이에 나선 농부의 입가엔 노랫가락이 흘러나오고, 바라보는 아낙의 얼굴엔 웃음꽃이 폈다. 홀로 사는 칠십 노인을 집에서 쫓아내달라고 요구하는 원고의 소장에서는 찬바람이 일고, 엄동설한에 길가에 나앉을 노인을 상상하는 이들의 눈가엔 물기가 맺힌다. 우리 모두는 차가운 머리와 따뜻한 가슴을 함께 가진 사회에서 살기 원한다. 법의 해석과 집행도 차가운 머리만이 아니라 따뜻한 가슴도 함께 갖고 하여야 한다고 믿는다.

권을 실행하는 주체에게 성현의 마음을 가지도록 요구한 주희가 지향하는 바가 이 판결문에 담겨 있지 않을까요.

그러나 의무 개념의 기반이 되는 법칙의 보편성을 강조하는 칸트의 도덕법칙에 따르면 노인은 항소심에서도 패소했을 것입니다. 지금부터는 공리주의, 칸트의 의무론, 자유지상주의를 소개하면서 도덕적 딜레마를 어떻게 판단하고 처리해야 하는

지를 알아보기로 하지요. 이 작업을 위해서 영화〈휴 그랜트의
선택〉에서 몇 장면을 참고하면서 설명하겠습니다.

개인의 인권과 자유에 관심이 없는 공리주의

세계에서 가장 분주하다고 하는 뉴욕의 한 병원의 응급실. 쉴 새 없이 밀려오는 환자를 치료하다 잠시 휴식을 취하던 가이에게 긴급호출이 옵니다. 응급실 책임자인 가이는 의료진이 모인 곳으로 달려갑니다. 실려 온 환자는 총을 맞은 경찰관과 경찰관을 쏜 마약을 소지한 범인입니다. 의료진은 둘로 나누어져 지혈 등 응급처지를 합니다. 양쪽을 오가며 환자의 상태를 체크하는 가이는 간호사 조디에게 3분 이내에 수술실 2개를 준비하라고 지시합니다. 동료 경찰관들과 총상을 입은 경찰관의 아내가 병원에 들어섭니다. 잠시 후 조디는 수술실이 1개가 비어 있다고 가이에게 알립니다. 마약 소지자 환자를 상태를 체크하면서 가이는 "환자가 2명이니까 수술실도 2개가 있어야 돼요"라고 대답합니다. 전화를 어깨로 받치며 주사기에 약물을 주입하는 조디는 알았다는 표정을 짓습니다. X-레이 결과를 보러 응급실을 나서는 가이에게 경찰관 동료는 동료의 상태를 물어보면서, 그에게는 가족이다면서 부인을 소개합니다. 가이는 걱정스러운 얼굴을 하는 부인의 얼굴을 잠시 보고 괜찮을 거라고는 말을 하고 응급실로 돌아갑니다. 응급실의 문을 열면서 X-레이 결과에 이상이 없으니 수술실로 옮기자고 합니다. 그러자 아직도 전화기를 어깨로 받친 "조디는 수술실이 없다니까요"라며 재차 확인시킵니다. 가이는 두 환자의 상태를 물어봅니다. 헤마토마(혈종)가 심해지고 혈압이 자꾸 떨어지는 마약 소지자. 한편 경찰관은 BP(혈압)는 정상인데 피를 1리터 이상 흘린 상태입니다. 마약 소지자의 상태가 경찰관보다 좋지 않습니다. 가이는 이 두 사람 중에 한 사람만을 옮겨야 하는 결정을 내려야 합니다. "경찰을 옮기고 다른 팀은 나와 여기 남아요"라는 가이의 결정에 조디는 놀라고 못마땅한 표정으로 가이를 쳐다보고 전화를 끊습니다.

수술을 마치고 전화를 거는 가이에게 경찰관은 수술을 잘해 줘 고맙다고 인사합니다. 그 옆을 지나가는 조디에게 가이를 가리키면서 훌륭한 의사라는 경찰관 말에 조디는 불만스러운 얼굴로 가이를 쳐다봅니다. 눈치를 챈 가이는 전화를 끊고 조디를 따라가며 "수술실이 없었잖아"라고 말을 겁니다. 이하는 두 사람의 대화입니다.

　가이: 그래도 다른 사람이 더 심각한 상태였어요. 이젠 괜찮아요.

　조디: 그때 몰랐으면서…….

　가이: 그랬지.

　조디: 도덕적이었는지는 몰라도 의사답진 않았어요. 그래서 놀란 거예요.

　가이: 잠깐만 여기는 뉴욕이고 총기 난사는 흔하다구요. 내 생각엔 둘 다 괜찮았고 선택은 신속해야 했어요. 우측에는 가족과 동료가 있는 경찰이 있었고, 좌측에는 총기 난사범이 있었요. 10초밖에 없었고 결정해야 했다구요. 난 옳은 선택을 했어요.

　가이가 결정한 근거는 무엇일까요. 가족과 동료가 있는 경찰관과 총기 난사범인 마약 소지자 중 누가 더 사회에서 필요하고 유용한 존재인지가 가이의 선택의 기준이 아니었을까요.

　여기서 잠시 최대다수의 최대행복을 주장하는 제리미 벤담의 공리주의를 알아보지요.

　벤담에 의하면 자연은 인류를 고苦(pain)와 쾌快(pleasure)라는 두 군주의 지배하에 두었습니다. 인간이 무엇을 해야 하는지 등을 결정하는 것은 이 두 군주뿐이지요. 그래서 고통과 쾌

락은 인간의 행위나 언어나 사고 모든 것을 지배하고 인간은
이 지배에서 벗어날 수 없습니다. 따라서 이해관계자의 행복을
증진하고 감소시키는지에 따라서 행동의 시비를 결정할 필요
가 있게 됩니다. 공리주의에서는 행위의 선악이 행위 그 자체
의 상태에 따라 결정되지 않고, 행위에서 생기는 결과가 얼마
만큼 많은 쾌락을 포함하는지에 따라 결정됩니다. 따라서 가능
한 많은 쾌락=행복을 가져오는 행위가 선이 됩니다.

　이러한 공리의 원칙을 가이의 행위에 적용해보기로 하지요.
경찰관은 범죄의 불안으로부터 시민의 안정을 최우선으로 하
는 존재임에 비하여 마약 소지자는 사회의 불안을 조성하며 심
지어 살인까지 저지를 수 있는 잠재적 살인자입니다. 사회 전
체의 안정과 행복의 관점에서 볼 때, 경찰관은 사회에 꼭 필요
하고 유용한 존재입니다. 그리고 총상을 입은 경찰관은 그의
동료와 가족에서 고통을 주니 사회 전체적으로 고통이 증가하
고 쾌락=행복이 감소하는 결과를 가져오게 됩니다.

　우리는 조디의 "도덕적이었는지"의 도덕적이란 말은 공리주
의적이라고 말해도 상관없을 것입니다. 인간의 생명을 다루는
의사는 환자 개인의 지위, 권력, 학력, 재산과 상관없이 가장
우선시해야 할 것은 환자의 생명을 살리는 데 있습니다. 가이
의 선택은 이러한 의사의 책임과 의무를 저버린, 즉 개인의 생

명권을 무시한 행위입니다. 여기서 우리는 전체 대 개인이라는
도식도 상정할 수 있습니다.

어쨌든 공리의 원칙은 모든 행위를, 그 행위에 관여하는 사
람들의 행복이 증대하느냐 감소하느냐에 따라서 인정하기도
하고 부인하기도 한다는 원리입니다. 다시 말하면 옳은 행위는
공리를 극대화하는 행위입니다. 그래서 공리란 사회 전체의 쾌
락이나 행복을 가져오고, 고통을 막는 것이라면 개인의 고통과
행복은 무시해도 상관없게 됩니다.

한편 응급실에 발가벗은 채 실려온 망각증을 보이던 환자가
사망했으나 환자의 시체는 사라지고 그에 관련된 모든 의료기
록이 사라져버렸습니다. 담당 의사인 가이는 사라진 미스터리
에 관심을 갖고 단서를 찾으려고 동문서주합니다. 마침내 가이
는 생체 실험이 있다는 사실을 알게 됩니다. 죽은 환자와 함께
생체 실험 장소에서 탈출한 다른 흑인 한 사람이 지하의 방이
라는 곳에 있다는 사실을 알고 그곳을 찾아가 그들 데리고 나
옵니다. 생체 실험을 주동하는 사람은 마이릭 교수. 그리고 그
를 뒤에서 돕는 사람은 FBI 요원과 뉴욕 경찰관 등입니다. 이
들의 아내와 아들은 휠체어 생활을 하고 있습니다.

가이의 추적을 저지하려고 FBI 요원과 뉴욕 경찰관은 가이
를 감시하다가 마침내 가이가 지하의 방이라는 곳으로 갔다는

사실을 확인하고 뒤를 쫓습니다. FBI 요원과 뉴욕 경찰관은 지하의 방으로 연결되는 지하철 선로에서 가이와 흑인을 만나게 됩니다. 결국 흑인은 총에 맞아 죽고 가이는 옆구리에 총상을 입게 되어 도망쳐 조디의 집을 방문하게 됩니다.

갑작스러운 방문에 당황한 조디는 가이의 총상을 보고 놀랍니다. 가이를 화장실로 데려가 수건으로 지혈하게 한 조디는 구급약품을 가지러 가고, 그사이 가이는 변기에 앉자 피가 묻은 수건을 쓰레기통에 던집니다. 제대로 들어가지 않은 피 묻은 수건을 집는 순간 비닐봉투에 트라이 페이스가 적혀 있는 것을 발견합니다. 트라이 페이스는 가이가 찾는 곳으로, 마이릭 교수 일행들이 생체 실험을 하는 비밀장소입니다. 가이는 직감적으로 조디가 관련되어 있음을 느끼고 의심스러운 눈으로 조디를 부릅니다. 당황해하는 조디를 실망스러운 눈으로 보는 가이의 뒤에서 휠체어에 앉아 있는 조디의 오빠가 야구방망이로 머리를 때립니다.

전신 마비가 된 가이가 침대에 누워 있습니다. 파리가 손등 위에 앉지만 아무런 감각도 못 느끼는 가이. 가이를 찾아온 마이릭 교수는 무엇이든지 돕겠다고 하지만 가이는 죽여달라고 합니다. 그러자 마이릭 교수는 가이에게 만약 걸을 수 있어서 다시 의사가 될 수 있다면, 어떤 대가도 치르겠냐고 묻습니다.

가이는 무슨 소리냐면 반신반의하며 질문합니다. 척추가 끊어졌는데 무슨 소리를 하는 것이냐며 의아해 하는 가이에게 마이릭 교수는 계속 정상적으로 걸을 수 있다면, 어떤 대가를 치르겠냐고 다시 묻습니다. 무슨 일이든 하겠다는 가이의 대답에 잘 생각해보라며 병실을 나서는 마이릭 교수의 등을 향해 기다리라고 외칩니다.

저녁 무렵 손등에 다시 파리가 앉자 아까와는 달리 가이의 손이 반응합니다. 깜짝 놀란 가이는 손을 듭니다. 바로 이때 조디가 들어가 마비가 된 것이 아니라면서 링컬 주사 바늘을 빼며 옷을 갈아입고 이곳을 빠져나가라고 재촉합니다. 조디에게 호출 신호가 옵니다. 가이가 병실을 나서는 조디를 부르자, 그녀는 자신의 오빠가 반신불구가 된 것은 자신의 음주 운전 때문이라면서 자신이 마이릭 교수의 생체 실험의 조력자가 된 이유를 고백합니다.

잠시 후 마이릭 교수 일행이 병실에 왔을 때는 침대 위에는 환자 옷이 있을 뿐 가이는 보이질 않습니다. 이후 장면은 마이릭 교수 일행이 가이를 찾는 장면이 이어지고 엘리베이터에서 1층으로 내려가려는 가이를 저지하는 FBI 요원과 가이의 사투가 펼쳐집니다. FBI 요원을 제압한 가이가 1층에 도착해 엘리베이터를 내리자, 그의 눈앞에는 12년 동안 휠체어 생활하는 안내원 헬렌이 있습니다. 그녀를 사이에 두고 마이릭 교수와 가이가 마주보고 있습니다. 이들의 대화는 다음과 같습니다.

마이릭 교수: 난 68세야, 시간이 없네. 쥐, 개를 거쳐서 침팬지까지 기다릴 시간이 없네. 난 기적을 이루어냈어. 신경학계의 기적이라구.

가이: 당신은 살인마야.

마이릭 교수: 사람은 매일 죽지. 비행기 사고, 기차 사고, 전쟁…….
자네 앞에서 가망이 없는 환자가 죽어가면 어쩔 텐가? 다른 환자들을 돌보겠지. 가망 있는 환자들만 살릴 거야. 좋은 의사는 실수를 안하고 위대한 의사는 옳은 일을 하지. 자네 아버지는 위대했어. 자네도 그래. 경찰과 총기 난사범이 나란히 들어왔다. 누굴 먼저 치료하겠나? 자넨 알잖아. 자넨 알아. 암을 정복할 수만 있다면 한 사람쯤 희생할 수도 있어. 사람 하나가 문제인가? 몸이 마비된 줄 알았을 때 자네가 뭐라고 했지? 뭐든 하겠다고 했지. 자넨 하루 만에 그렇게 말했지만, 헬렌은 12년째야. 헬렌뿐만 아니라 다른 사람도 고칠 수 있어. 문은 열려 있어. 지금 나가서 이 연구를 모두 망쳐놓을 수도 있고 나와 함께 기적을 이룰 수도 있지. 마음대로 하게.

가이: 당신이 옳은지 몰라요. 실험실의 그 사람들은 살 가치가 없는지도 몰라요. 당신 말대로 영웅적인 죽음일 수도 있겠군요. 하지만 그건 그들의 선택이 아니라 당신의 선택이었소. 당신은 당신 부인이

나 손녀를 선택하지 않았어요. 그러면서 저 남자들은 데려와 죽였어요. 그건 옳지 않아요. 당신은 의사예요. 선서를 한 의사이지 신이 아니라구요. 당신이 무슨 일을 하건 난 상관 하지 않지만, 세상 모든 병을 정복해도 소용없어요. 당신은 저들을 잔인하게 죽였고 의사로서 자격이 없소. 당신은 평생 감옥에 있어야 해요.

반신불구의 환자들이 다시 걸어 다닐 수 있게 한다는(행복) 명분으로 갈 곳 없는 노숙자의 생명을 빼앗아가는 마이릭 교수의 생체 실험은 잘못입니다. 그러나 마이릭 교수의 생체 실험은 전체의 행복을 극대화하는 일에 관심을 둔 공리주의자의 입장에서 보면 환영을 받을 수도 있습니다. 그러나 개인의 생명과 권리를 존중하는 자유주의에 의하면 그의 행위는 비난받아 마땅합니다.

마이클 샌델은 공리주의를 설명하면서, 1884년 남대서양에서 표류했던 미노테트 호의 이야기를 서두에서 꺼내고 있습니다. 구명보트에는 선장인 토머스 더들리를 비롯해서 일등 항해사인 에드윈 스티븐슨과 일반 선원인 에드먼드 브룩스 그리고 잡무를 보는 열일곱 살 남자아이 리처드 파커로 총 4명이었습니다. 파커는 고아입니다. 이들은 순무 통조림과 잡은 바다거북으로 연명하다가 여드레째 되던 날, 음식이 바닥났습니다.

파커는 다른 충고의 말을 무시하고 바닷물을 마시다가 병이 났습니다. 19일째 되던 날, 묵언의 약속을 하듯 파커를 죽이고 구조되는 나흘간 세 남자는 남자 아이의 살과 피로 연명했습니다. 24일째 되던 날, 모두 구조되고, 영국으로 돌아가자마자 체포되어 재판을 받았습니다. 이들은 파커를 죽여 그를 먹은 사실을 순순히 자백했습니다. 그리고 어쩔 수 없었다고 주장했습니다. 마이클 샌델은 우리에게 당신이 판사라면 어떤 판결을 내리겠는가? 묻습니다(마이클 샌델, 이창신 옮김, 『정의란 무엇인가』, 김영사, 2011).

결과와 전체를 위한 유용성을 강조하는 공리주의와 개인의 인권과 생명권의 존중을 지상명령으로 삼는 자유주의는 서로 상반되는 주장을 하므로 재판 결과는 극과 극을 이룰 것입니다. 가이의 말처럼 노숙자가 스스로 결정해 생체 실험에 참가했다고 한다면, 그들의 죽음에 아무런 비난도 할 수 없을 것입니다.

한편 사회복지의 중요한 가치로는 분배, 평등, 자유, 행복 등을 들 수 있습니다. 이들 가치개념이 공리주의에서 어떤 의미가 있는지에 따라서 공리주의 복지를 상정할 수 있을 것입니다.

공리주의에서 행복의 기준은 공리를 극대화하는 데 있습니다. 공리功利(유용성)란 공동체이든 개인이든 이해당사자에게 이익, 이득, 좋음, 행복을 산출하거나 해악, 고통, 악, 불행의 발생을 막는 경향을 가진 어떤 대상의 속성을 의미합니다(제레미 벤담, 강준호 옮김, 『도덕과 입법의 원칙에 대한 서론』, 아카넷, 2013). 무엇보다도 공리를 극대화해야 한다는 벤담의 양적 공리주의는 행복의 극대화로 최대다수의 최대행복을 지상목표로 삼습니다. 그래서 공리주의가 내세우는 최대다수의 최대행복이 복지=정의이며, 여기에서 사회복지론이 도출됩니다. 다시 말하면 공리주의에 의하면, 사회 전체의 효용이 증가하면 그것은 행복이 되고 정의로운 것이 되어, "어느 경우에서나 최대의 만족만 산출한다면 정당한 분배가 된다는 것"입니다(존 롤스, 황경식 옮김, 『정의론』, 이학사, 2003).

그러나 극대화된 행복과 이에 따른 정의와 분배는 개인의 인권과 자유가 희생되거나 무시되어도 상관없다는 암묵적 전제에서 성립합니다. 이는 인간의 존엄성을 최고의 가치로 삼으면서 인간의 최소한의 생활보장을 통해 인간다운 생활을 영위하게 하는 사회복지의 근본 취지와 거리가 먼 정의론입니다. 그래서 만약 약자를 위한 복지정책을 실시하지 않는 것이 다수의 행복에 기여하는 것이라면, 공리주의 입장에 선 복지행정가는 사회소외계층의 다양한 복지욕구에 걸맞은 복지정책을 수립하지 않거나, 복지정책개발에 매진하지 않을 가능성이 큽니다. 그리고 공리주의가 추구하는 분배는 어떤 경우 효용의 총량을 극대화하면 부정의한 방식의 분배가 더 바람직한 것이 됨을 용인하게 되어, 사회복지의 이론적 기초가 될 수 없는 여지가 있지요. 왜냐하면 "공리주의는 사회 전체로서 효용의 총량을 극대화하는 것이 최고의 규범이고, 극대화를 가져오는 분배상태가 정의라는 의미를 내포하"기 때문입니다(존 롤스, 『정의론』).

이러한 이면에는 사회를 하나의 큰 객체로 보고, 개인은 사회와 독립된 존재가 아니라 전체의 일부일 뿐이라는 개인-사회관이 있습니다. 이처럼 한 개인의 선택 원칙을 사회로 확대하려고 하면서 개인들의 차이를 중요하게 다루지 않고, 서로 다른 개인들의 이익과 손실을 마치 그들이 한 사람인 것처럼 비교 평가하는 추론 방식을 취한 공리주의는 사회 전체를 위해서는 개인의 자유와 인권 등이 희생될지라도 상관없다고 하는 멸사봉공滅私奉公적 멘탈리티를 근저에 두었다고 말할 수 있습니다.

무조건 따라야만 하는 칸트의 도덕법칙

칸트에 의하면 법칙이란 누구에게나 타당한 행위의 원리입니다. 예를 들면 "거짓말하지 말라", "살인하지 말라" 등과 같이 이유나 목적이 없이 인간이라면 누구나 따라야 할 행위의 원리를 말합니다. 그러한 법칙은 상황을 허락하지 아니하며 조건이 수반되지 않습니다. 다시 말하면 준칙은 주관적 의지의 욕구가 대상이 되어 "……을 얻는 것을 목적으로 행위하라"고 명령하지만, 법칙은 아무런 목적이나 이유 없이 "……하게 행위하라"고 무조건적으로 명령합니다. 그래서 인간을 포함한 모든 이성적 존재자에게 예외 없이 타당한 것만이 도덕법칙이 된다고 합니다. 그것이 정언명령이지요. 정언명령은 개인적으로 관심이 없다고 해서, 또는 자기의 이익과 무관하다고 해서 그 도덕적 욕구를 피할 수 없습니다. 바로 이같이 이유나 전제가 없는 무조건적으로 따라야 하는 무상명령입니다. 한편 가언명령은 "만약 T를 원한다면 S를 하라"는 식의 조건적인 명령이므로 T를 원하는 것을 포기하면 S를 하지 않아도 됩니다. 즉 그것은 조건적이지요. 그리고 그때만 타당합니다. 그러므로 그 소원을 버리기만 하면 그 당위성에서 벗어날 수가 있지요. 다시 말해 가언명령도 강제력을 가진 명령이지만, 그 강제력의 제약적 조건인 욕구 대상을 포기하기만 하면 그 강제력에서 벗어날 수 있습니다. 그러므로 그것은 절대적인 명령이 아니며, 보편타당한 행위의 법칙이 될 수 없지요.

《조선일보》 "Why"에 「'2년 만 꾹 참으면…' 마을버스 기사가 유독 친절한 속사정」이란 제목의 기사가 실렸습니다. 마을버스 기사가 시내버스 버스나 고속버스 기사보다 친절한 이유는 전직轉職 때문입니다. 시내버스 기사가 되려면 최소 2년의 마을버스 기사 경력이 있어야 합니다. 여기 2명의 마을버스 기사가 있다고 가정하지요. 마을버스 A기사는 전직이라는 이유와 상관없이 항상 교통법규를 준수하며 승객의 안정을 최우선으로 하며 운전합니다. 그러나 다른 마을버스 B기사는 마을버스에서 무사히 경력을 쌓고 시내버스로 가는 목표를 위해서 과잉 친절까지 합니다. 2년이 지나 두 기사가 다 시내버스 기사가 되었다고 합시다. 누가 무無사고 무無민원을 계속 유지할까요. 말할 것도 없이 A기사일 것입니다. 칸트도 A기사가 도덕법칙을 지킨 사람이라고 말할 것입니다.

칸트의 정언명령에는 '① 너의 준칙을 보편화하라. ② 인간을 목적으로 대하라'가 있습니다. 칸트의 정언명령 ②에 따르면 마이릭 교수의 생체 실험은 마땅히 지탄받아야 할 행위가 됩니다.

도덕적 울림이 없는 자유주의

마이클 샌델에 의하면 자유주의에는 공리주의적 자유주의(존 스튜어트 밀), 칸트적 자유주의, 평등주의적 자유주의(존 롤스), 자유지상주의(로버트 노직), 최소주의적 자유주의(존 롤스와 리처드 로티) 등 여러 견해가 존재합니다. 마이클 샌델은 이들 자유주의의 특징을 크게 개인주의와 평등주의로 나누어 이해합니다. 전자는 관용과 개인권의 존중을 강조하는 개인주의적인 측면으로, 각 개인의 가치관이나 삶의 방식의 선택을 개인의 책임으로 보고, 사회제도는 각기 다른 가치관을 가진 사람들의 대립을 조정하고 공생을 가능케 하는 역할을 담당합니다. 후자는 평등주의적인 측면으로, 각 개인이 자유롭게 선택한 삶의 방식을 실현할 수 있게 빈곤과 불평등을 시정해 관대한 복지국가와 사회적 · 경제적 평등의 확대를 위해서 법적 · 정치적 평등뿐만 아니라 재원과 자원의 평등한 배분을 확보하고자 합니다(마이클 샌델, 안규남 옮김, 『민주주의의 불만: 무엇이 민주주의를 뒤흔들고 있는가』, 동녘, 2012).

먼저 개인주의적 측면의 자유지상주의를 중심으로 알아보지요. 자유지상주의에 의하면 국가는 최소국가로서 계약을 집행하고, 개인의 재산을 보호하며, 평화를 유지하는 국가입니다. 국가가 그 이상의 기능을 수행한다면 부도덕한 것이 됩니다. 그리고 내가 내 몸을 소유했다고 생각하는 자유지상주의에 의하면 내 몸의 일부를 내 마음대로 자유롭게 사용할 수 있습니다. 자유지상주의자의 주장이 옳다면 2001년 독일의 로텐부르크에서 합의해 일어난 식인 행위를 처벌할 수 없게 됩니다(마이클 샌델, 『정의란 무엇인가』). 마찬가지로 만약 생체 실험을 당한 노숙자들이 스스로 선택한 것이라면, 마이릭 교수에게는 아무런 법적 책임을 물을 수 없게 되지요.

최근 아일랜드, 폴란드, 아르헨티나 그리고 독일 등에서는 낙태 허용을 둘러싼 논쟁으로 찬반 국민투표가 이루어졌고, 심지어는 정권을 갈아치우기까지 한 일이 있었습니다. 그들이 외치는 구호는 "내 몸은 내가 선택한다"입니다. 한국도 예외가 아닙니다. 얼마 전 "내 몸은 불법이 되었다", "낙태가 죄라면 국가가 범인이다"를 내걸고 여성인권 단체가 낙태죄 폐지를 요구하는 시위를 했습니다. 그리고 참석자 중 한 사람은 "낙태죄 논의는 생명권과 선택권의 대결 프레임이 아닌, 개인의 판단과 결정에 대한 존중 및 삶의 질 보장 원칙에 따라 이루어져야 한 다"고 강조합니다. 이처럼 낙태를 둘러싼 논쟁은 자기 소유라 는 자유지상주의의 원칙과 이에 따른 정의의 문제입니다.

이제부터는 존 롤스에 초점을 맞추어서 평등주의적 측면의 자유주의에 대해서 알아보지요.

존 롤스는 최대다수의 최대행복을 최고규범으로 생각하 는 공리주의에 비해서, 개인의 자유권을 우선시하면서 사회 권의 보장을 생각하는 규범론으로 '공정으로서 정의justice as fairness'를 제시합니다. 공정으로서의 정의는 '무지의 베일 veil of ignorance'이라는 평등한 '원초적 입장original position' 에서 합의를 통해 명명되었습니다. 그는 원초적 입장에서 자 유의 평등한 분배 원칙이라는 제1원칙과 불평등의 원칙으로 서 제2원칙을 도출합니다. 특히 후자는 공리주의와 달리 사회 의 최소 수혜자the least advantage에게 불평등을 보상할 만한 이득을 가져오는 경우에만 정당함을 얻고, '공정한 기회 균등 의 원칙priniciple of fair equality of opportunity'과 '차등의 원칙 difference principle'을 포함합니다. 결국 존 롤스의 정의론에 의하면 ① 자유와 권리의 분배, ② 공정한 기회의 분배, ③ 소득과 재산의 공정한 분배가 됩니다. 이 단계가 바로 공정으로 서 정당성rightness of fairness입니다.

먼저 자유와 권리의 분배에 대해서인데, 이것이 경제적 생존권이 열악한 가난한 나라에서는 불가능하다는 것은 1960년부터 시작된 군사정부에서 문민정부가 들어선 1994년의 한국의 상황을 통해서도 충분히 짐작할 수 있습니다. 경제적으로 풍요로운 사회에서 비로소 의미가 드러나는 자유와 권리의 분배는 주체로서 개인이면서 인격으로서 나와 관련된 문제입니다. 다시 말하면 존 롤스가 말하는 자유와 권리의 분배의 의미는 자유로운 자아에 대한 그의 해석을 통해서 파악할 수 있습니다.

존 롤스는 윤리학적으로 옳음the right이라는 개념이 좋음 the good이라는 개념에 선행한다는 칸트적 의무론deontology 의 입장을 취합니다. 칸트적 자유주의자들이 주장하는 옳음이 좋음에 우선한다는 것에는 두 의미가 함축되어 있습니다. 하나는 개인의 권리가 개인의 좋음과 공동체에서 공유되는 '선=공통선(공익)'보다도 우선되어야 한다는 것이지요. 또 하나는 정의의 원칙은 어떠한 좋은 삶의 개념에도 의존해서는 안 된다는 것입니다(마이클 샌델, 『민주주의의 불만: 무엇이 민주주의를 뒤흔들고 있는가』). 그런데 좋음이 우선인지 옳음이 우선인지의 갈림은 자아 개념에 따른 인간관의 차이에 있습니다.

"자유주의적 자아에게 무엇보다도 중요한 것, 인격성 personhood에 대한 가장 본질적인 것은 선택되는 목적이 아니라 목적을 선택할 수 있는 능력"입니다(마이클 샌델, 『민주주의의 불만: 무엇이 민주주의를 뒤흔들고 있는가』). 이는 칸트가 말하는 자율적 행동을 의미한 것으로, 천성이나 사회적 관습이나 전통 등에 따라서가 아니라 내가 나에게 부여한 법칙에 따라 행동하는 것입니다. 이른바 존 롤스의 원초 상태에서 인간에 대한 마이클 샌델의 "무연고적 자아unencumbered self"입니다.[11] "무연고적 자아"란 목적에 대한 자아의 우선에서 짐작할 수 있듯이, 각 개인이 인생에서 다양한 목적을 스스로 발견하고 선택을 자유롭게 함을 이상으로 삼는 것으로, 목적에 의해서 영향을 받지 않으며 그것에 우선하는 것입니다. 그리고 "무연고적 자아"는 정의를 행할 의무 등의 "자연적 의무"에 대한 책임에만 관심을 둘 뿐이어서, "자연이나 신이 부여한 목적들이라든가 가족, 민족, 문화, 전통의 구성원으로서 그 정체성이 부여한 목적들을 실현할" 자발적이고 연대적 의무가 없는 것입니다(마이클 샌델, 『민주주의의 불만: 무엇이 민주주의를 뒤흔들고 있는가』).

어쨌든 자유로운 행위 주체가 되려면, 다양한 가치에 대해서 중립적이며 정치를 어떠한 도덕적·종교적 신념에 근간을 두지 않게 하고 개인에게 지나친 요구를 하지 않는 정치제도가 필요하게 됩니다. 다시 말하면 개인의 도덕적이고 종교적인 신념을 괄호 안에 집어둔 상태에서 정치제도를 성립시키는 원리를 합의해야 합니다. 그래서 사회적 제약과 가치의 서열에서 벗어난 각 개인에 의해서 지지되는 정의의 원리가 정당성을 얻습니다.

과연 도덕적 · 종교적 쟁점에 관한 판단 없이 정치적 문제의 해결을 꾀할 수 있을까요. 임신중절에 따른 인간 생명의 문제와 동성애에 대한 도덕적 가치판단을 피하기 어려울 것입니다. 그래서 도덕과 종교를 철저하게 괄호 치는 정치는 "도덕적 진공상태"를 초래하게 됩니다(마이클 샌델, 『민주주의의 불만: 무엇이 민주주의를 뒤흔들고 있는가』). 마이클 샌델은 정치적 아젠다에 도덕적 울림이 없어지면, 그것에 불만을 품은 사람 가운데에서 근본주의에로 분출과 공인의 스캔들, 센세이션 등에 몰두하는 불관용적이고 천박한 도덕주의가 초래되고, 이런 현상에 대해서 자유주의자들은 아무런 대답을 주지 못한다면서 자유주의의 한계를 지적합니다.

이상에서 살펴보았듯이 존 롤스의 자유와 권리의 분배는 정의의 윤리로 달성되고 자연적 의무에만 책임이 있어, 나와 이질적인 타자와 인격적 관계를 소홀히 할 여지가 있습니다. 다시 말하면 존 롤스의 정의론에 근거한 복지는 행복의 개념을 달리하는 이질적인 타자가 공존하는 공공권에서 연대의 윤리를 요구하면서, 자기실현의 기회를 창출하고 타자를 배려하는 케어윤리에 바탕은 둔 공공복지로 확장하기에는 태생적으로 한계가 있습니다.

마이클 샌델은 공동체주의라는 필터를 통해서 칸트적 자유주의, 평등주의적 자유주의(존 롤스)를 대표로 하는 자유주의의 공공철학을 비판하고, 그 대안으로 공화주의의 공공철학을 제창합니다.

공공성을 키워드로 삼는 공공철학

국정원의 18대 대통령선거 개입에 대한 성토를 비롯해서, 대한민국을 공분의 도가니로 내몰았던 최순실 국정농단과 박근혜 대통령 탄핵 촛불 집회, 촛불 혁명에 힘입어 들어선 문재인 정권의 조국 사태로 양분화된 보수와 진보의 진영대립, 지역공동체를 위한 마을 만들기(기독교윤리실천운동 엮음, 『공공신학』, 예영커뮤니케이션, 2009), 지방자치 시대에 따른 국토균형발전과 분권, 보편적 복지와 선택적 복지의 찬반토론, 기업의 사회적 책임[CRS](야마와키 나오시, 성현창 옮김, 『공공철학이란 무엇인가?』, 이학사, 2011), 공공미술, 목사와 공공성, "공공철학과 서울시"라는 아젠다 등 일련의 현상에서 찾을 수 있는 공통분모는 공공성입니다. 그뿐만 아니라 교도소라는 폐쇄된 공간에 수용된 수형자를 주로 대상으로 하는 교정의 분야에서도 공공성을 발판 삼아 교정의 담론을 창출하려는 연구가 이루어지고 있습니다(성현창, 「공공철학과 교정과의 만남을 위한 시론」, 《교정담론》 6-1, 2012; 「교정에 있어서의 공공성」, 《교정담론》 7-1, 2013). 이는 우리 사회의 공공성을 향한 갈망의 표출이지요. 이 공공성을 키워드로 삼고 정치, 법, 경제, 교육, 과학 기술, 예술, 종교, 그 외의 모든 사회현상의 실상을 파악해 모든 영역에서 공공성의 개화를 지향하는 것이 공공철학입니다.

공공철학은 우리에서 아직 낯설지요. 그런데 『정의란 무엇인가』로 알려진 마이클 샌델의 *Democracy's Discontent: America in Search of a Public Philosophy*[12]와 공공철학이라는 단어 그 자체가 제목인 *Public Philosophy*[13]에서 알 수 있듯이, 그의 주된 관심이 공공철학이라고 한다면 어떤 반응을 할까요. 최단기 100만 부 돌파라는 『정의란 무엇인가』의 발매 부수를 기준으로만 생각해보면 공공철학은 이미 우리 일상에 스며들어 있다고 말할 수 있습니다.

미국의 공공철학을 집대성한 일본의 공공철학은 전체주의를 멸사봉공滅私奉公으로, 개인주의를 멸공봉사滅公奉私로 규정하면서, 멸사봉공과 멸공봉사를 타파하는 '활사개공活私開公'을 전면으로 내세우고, '공公, 사私, 공공公共의 삼원론'과 '자기-타자-공공세계'를 지향합니다.

마이클 샌델이 비판한 자유주의의 공화철학에 대해서 알아보기 전에 공공철학의 키워드인 공공성의 어원적 의미에 대해서 알아보기로 하지요.

공공성의 어원적 의미

우리말의 공공성에 해당하는 외국어 표현으로서 영어는 '퍼블릭니스Publicness'입니다. 그래서 먼저 '퍼블릭Public'의 어원적 의미를 고찰하면서 공공성에 함축된 의미를 살펴보려고 합니다. 퍼블릭은 원래 라틴어의 '푸블리쿠스Publicus'에서 유래한 말이고, 푸블리쿠스는 '포풀러스Populus'에서 나온 형용사입니다. 포풀러스는 영어 '피플People'의 어원이 되는 개념으로 '사람들, 공유의'를 의미하지요. 그런데 로마 시대의 포풀러스는 국가를 형성하는 주체로서 '인민의' 뜻을 가진 말이었습니다. 그리고 인민으로 구성된 공동체를 초월한 국가의 개념이 없었던 로마 시대에서의 포풀러스에는 '국가의'라는 뜻도 내포하게 되었습니다. 그래서 '레스 푸블리카res publica(사람들의 일)'는 공화제 로마의 호칭이었고, '레스 프리바타res privata(사사로운 일)'에 대립하는 개념으로, 근대에는 이것이 '리퍼블릭 republic(공화국)'의 의미가 되지요(조한상, 『공공성이란 무엇인가』, 책세상, 2010; 최태연, 「서양철학에서 본 공공성」,《공공신학》, 예영커뮤니케이션, 2009).

이러한 어원적 의미 등을 통해서 공공성은 개인의 사사로운 영역이 아니라, 국가 조직의 권력과 인민의 지위 여부에 따라 발생한다는 것을 예측할 수 있습니다. 여기서 우리는 공공성이라는 시소의 양쪽 자리에 각각 국가와 인민이 앉아서 시소놀이하는 모습을 상상할 수 있습니다. 어쨌든 공공성의 발생이 국가에 의한 것인지 인민에 의한 것인지에 대해서 '퍼블릭Public'의 사전적 의미를 통해서 다시 확인해보지요.

퍼블릭의 사전적 의미를 살펴보면 ① 일반 대중ordinary의, ② 모든 사람에게 있어서[for anyone], ③ 정부government의, ④ 대부분 사람에 의해서 알려진[known aout by most people], ⑤ 공개의not hidden 등의 의미 요소가 포함되어 있습니다(야마와키 나오시, 『공공철학이란 무엇인가?』). 이는 퍼블릭의 어원적 의미인 '사람들, 공유의, 인민의, 국가의'에서 파생된 것임을 쉽게 짐작할 수 있습니다. ①은 인민people의 의미가 함축되어 있는 공중의라는, ②와 ④는 공통적인 것common이라는, ③은 공적인official 것으로서 국가나 정부의라는, ⑤는 열려 있다[open]는 의미 등으로 분류해도 크게 무리가 없습니다. 다시 말해서 퍼블릭에는 ⓐ 공중의, ⓑ 공통성, ⓒ 국가나 정부, ⓓ 공개성 등의 의미가 압축되어 있다고 해도 상관없습니다(조한상, 『공공성이란 무엇인가』).

그런데 ⓑ 공통적인 것common과 ⓓ 공개성openness으로서 공공성은 구성원 전체로서 공중과 이질적 타자로서 원자론적 개인과 밀접하게 관련하는 개념입니다. 왜냐하면 일반적으로 사용되는 공익은 구성원 전체에게 이익을, 공공선은 구성원 전체에게 선을 의미하지만 공공성에 내포된 공개성의 의미에는 이질의 타자를 전제하기 때문이지요(小林正弥, 「新公共主義の基本的展望-戰後日本政治理論の觀點から」, 『21世紀公共哲學の地平』, 東京大學出版部, 2002).

따라서 퍼블릭의 사전적 의미를 참고하면 ⓑ 공통적인 것 common과 ⓓ 공개성openness으로서 공공성을 담당할 주체의 역할이 수직적으로도 수평적으로도 수행될 수 있는 이중성을 갖고 있음을 예측할 수 있습니다. 만약 공공성의 담당자가 ⓒ 인 경우, 즉 국가나 정부나 관공서(=官)라면 공공성은 위에서 아래로의 수직적인 강제와 권력과 의무가 부여된 양상으로 나타날 것입니다. 그러나 공공성의 담당자가 사람들의 의미인 ⓐ가 된다면 공공성은 국가에 일원론적으로 회수되는 것이 아니라 수평적으로 공중[民]에 의해서 펼쳐질 것입니다.

공공성이 수직적으로 위로부터 부여되는 수직적 공공성이 아니라, 사람들의 활동에 의해서 수평적으로 창출되는 수평적

공공성임을 처음으로 강조한 사람은 나치즘이 대두하자 미국
으로 망명한 유대인 한나 아렌트입니다.

자유주의의 공공철학

마이클 샌델이 비판하는 자유주의의 공공철학은 앞서 언급했
듯이, 관용과 개인권의 존중을 강조하는 개인주의적 측면과 사
회적 · 경제적 · 법적 · 정치적 평등뿐만 아니라 재원과 자원의
평등한 분배를 확보하려는 평등주의적 측면을 근간으로 한 자
유주의적 정치이론입니다. 그리고 자유주의의 공공철학의 중
심축에는 정부는 시민이 지지하는 도덕적 · 종교적 견해에 대
해서 중립적이어야 한다는 주장이 자리를 잡고 있습니다. 그
자리는 앞서 언급했듯이 윤리학적으로 옳음the right이라는 개
념이 좋음the good이라는 개념에 선행한다는 칸트적 의무론
deontology의 입장을 취합니다. 옳음이란 자유권과 사회권 등
각 개인에게 평등하게 부여된 헌법상 보장되는 기본 권리로,
다양한 가치관을 품고 있는 사람들의 공존을 가능하게 하기 위
한 규범적 원리 · 공정한 룰이 됩니다. 한편 좋음이란 각 개인
이 추구하는 가치로서 삶의 목적이 되는 것이지요. 그래서 어
떻게 살아가야 할지에 대한 물음에 대답하려는 각 개인의 삶의
방식과 관련하는 가치 · 규범이며, 개인이나 공동체가 품고 있

는 다양한 삶의 바람직한 모습을 추구합니다.

좋음보다 옳음을 우선시하는 자유주의자는 공적 영역에서 다양성을 반영할 수 없고, 사적 영역에서만 다양한 가치관에 기초한 목적 추구를 받아들입니다. 이는 사적(개인적) 정체성과 공적(정치적) 정체성의 분리를 의미합니다. 여기에는 개인과 국가의 중간지대에 존재하는 공동체로 가족이나 로컬 공동체 같은 중간적 공동체가 침식되어 있습니다. 그래서 공공성의 담당자가 국가나 정부라는 의식이 강하게 존재합니다.

그리고 마이클 샌델은 충직인가 의무인가 하는 도덕적 딜레마를 잘 보여주는 남북전쟁 직전 로버트 E. 리의 선택과 유나바머 사건 등을 예로 들면서 연고적 자아를 인정하지 않으면 도덕적·정치적 딜레마를 이해하기 어렵다고 주장합니다. 그에 의하면 연고적 자아란 예를 들면 한 개인은 어느 가족의 일원이지만 대학이나 기업의 일원이기도 합니다. 더 나가서 한 나라에 속한 국민의 한 사람이기도 합니다. 이러한 구체적인 속성을 갖고 있는 자아를 일컫습니다(마이클 샌델, 『정의란 무엇인가』). 그리고 무연고적 자아에게는 '인격적 성질qualities of character'이 결여되었음을 지적합니다. "인격적 성질이란 숙고해야 할 상황에 놓인 존재, 즉 역사에 이끌려 특정한 삶 속으로 들어가지만, 그 속에서도 그러한 특수성을 의식해 다른 길들, 더 넓은 지평에서는 살아 있는 존재로서 상황을 인식하고 받아들이는 존재로서 상황을 인식하고 받아들이는 성향"입니다(마이클 샌델,『민주주의의 불만: 무엇이 민주주의를 뒤흔들고 있는가』). "인간 대 인간의 보편적 의무"뿐만 아니라 충직과 연대에 중점을 두어야 할 경우가 있음을 시사합니다(마이클 샌델,『정의란 무엇인가』). 여기서 "정직함이란 남의 양을 훔친 아버지를 고발하지 않은 자식의 행동 안에 존재한다"고 한『논어』의 유명한 구절이 생각납니다(『論語』,「子路」). 이는 중국 사상사에서 유가와 법가 사이에 벌어진 긴 논쟁의 시발점이기도 합니다. 더 나가서 앞서 서술한 규범인가 상황인가라는 도덕적 딜레마를 해결하고자 하는 유학의 권설權說과도 관계가 있습니다. 마이클 샌델이 내세우는 '인격적 성질'은 상황에 따라 무엇이 더 중요하고 더 적절한지fitting 항상 염두해 둘 것을 강조하는 유학의 권설이 행위 주체에게 요구하는 양상이라고 말할 수 있습니다.

이상과 같은 자유주의의 공공철학은 공공성의 담당자가 국가나 정부라는 의식이 강하게 존재하여 공공정책에 대한 논쟁이 '인격 형성적 계획formative project'과 무관하게 진행됨을 의미합니다. 뒤에서 기술하겠지만 일본의 공공철학이 반대하는 공사이론을 적용해보면 자유주의의 공공철학은 공적 영역에서의 멸사봉공형의 사고방식과 사적 영역에서의 멸공봉사형의 사고방식이 공존하는 형태가 됩니다. 공사이원론의 두 형태를 자유주의의 공공철학에 적용해 도식화하면 옆의 그림과 같습니다.

　마이클 샌델은 도덕적 · 종교적 비전들에 대한 정부의 중립적 입장이 결국 민주주의 불만을 불러왔고, 이에 따라 개인과 집단에서의 통제력 상실과 공동체의 도덕적 기초의 붕괴가 초래되었다고 합니다. 이러한 민주주의 불만에 응답하려는 정치적 모색은 덕의 부활이라는 깃발을 내겁니다. 이 깃발은 정치 영역 밖에 있던 사회 문제, 도덕 문제, 가족 문제를 공적 논쟁으로 끌어들이는 결과를 가져옵니다. 마이클 샌델은 이에 부응하는 정치 이론이 공화주의적 이론이라면서 민주주의에 대한 불만을 공화주의적 전통을 부흥시켜 쇠약해진 시민적 생활을 재생하고자 합니다(마이클 샌델, 『민주주의의 불만: 무엇이 민주주의를 뒤흔들고 있는가』).

공화주의의 공공철학

마이클 샌델에 의하면, 자유주의가 자유를 목적으로 선택할 수 있는 능력이라고 한 것에 비해서, 자유는 자기통치self-government에 참여하는 데 달려 있습니다. 자기통치를 공유한다는 것은 동료 시민들과 함께 공동선common good을 숙고하

자유주의의 공공철학

공적 영역	사적 영역
멸사봉공형	멸공봉사형

국가   국가

개인 개인 개인 개인   개인 개인 개인 개인

고 정치 공동체의 운명을 만들어가는 데 이바지하는 것입니다. 그런데 공동선을 숙고하려면, 자신의 목적을 선택할 능력과 타인의 권리를 존중하는 능력만으로는 부족합니다. 공공 사안public affairs에 대한 지식, 소속감, 전체에 대한 관심, 운명이 걸린 문제에 직면해 있는 공동체와 도덕적 유대 등이 필요합니다. 그러므로 자기통치를 공유하기 위해서는 시민들이 특정한 '인격적 성질qualities of character'이나 시민들이 지지하는 가치와 목적에 대해 중립을 지킬 수 없습니다. 자유주의적 자유관과 달리, 공화주의적 자유관은 형성적 정치를 요구합니다. 다시 말해 시민들 속에 자기통치에 필요한 인격적 성질을 길러내는 정치를 요구합니다(마이클 샌델, 『민주주의의 불만: 무엇이 민주주의를 뒤흔들고 있는가』). 마이클 샌델은 시민의 자기통치를 추구하는 움직임을 공공정책과 정치적 담론에서 덕, 인격 형성, 도덕적 판단 등의 도덕적 필요조건을 강조하는 우파의 입장과 경제적 필요성을 강조하는 좌파의 입장 등에서 발견했습니다(마이클 샌델, 『정의란 무엇인가』). 그가 예로 제시한 것은 다음과 같습니다.

시민적 보수주의자들은 가족, 학교, 교회 등 공동체의 기능을 강화함으로써 정부에 대한 의존도를 낮추고, 교육현장에서 도덕성을 활성화하므로 사회문제를 해결하고자 했습니다. 특히 마이클 샌델은 빌 클린턴이 일자리 제공이 소득만이 아니라 인격 형성 효과와 가족생활에 부여하는 구조, 긍지를 위해서 필요하다면서 자유주의자들이 회피했던 도덕적이고 정신적인 영역을 다룬 것을 높이 평가합니다(마이클 샌델, 『정의란 무엇인가』).

그리고 시민권의 정치경제학을 엿볼 수 있는 예로서는 저소득 공동체의 경제적 자립을 위한 NPO인 '지역사회개발법인', 지역경제와 공동체의 유대를 형성하고 강화하는 데 기여하는 동네 소매점을 보호하기 위해서 기업형 슈퍼마켓의 진출을 반대하는 '스프롤 버스터sprawl-busters' 등이 있습니다. 또한 공공생활을 촉진할 수 있는 만남의 공간이 늘어나도록 도시계획을 제창하는 새로운 도시주의the New Urbanism, 지역사회에 기반을 둔 단체들이 빈곤한 지역사회 주민을 조직해 정치활동의 방법을 교육하는 산업지역재단Industrial Areas Foundation이 있습니다(마이클 샌델, 『정의란 무엇인가』). 마이클 샌델은 이러한 국가 차원의 시민권 의식의 함양을 전초지로 삼아 공공철학의 외연을 전 지구적이고 보편적인 도덕적 공동체를 기반으로 한 코스모폴리탄적 비전으로 확장합니다(마이클 샌델, 『정의란 무엇인가』).

마이클 샌델이 관심을 둔 이상의 것들은 자유주의의 공공철학에 의해서 침식된 공동체의 부활과 시민 생활의 강화로, 시민사회의 제도에 중점을 둔 것입니다. 이를 도식화하면 아래의 그림과 같습니다.

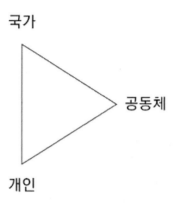

자유주의의 공공철학과 공화주의의 공공철학의 차이점을 한마디로 말한다면, 공공생활과 도덕적 · 종교적 담론을 분리시키는가 아닌가에 있습니다. 마이클 샌델이 말한 공화주의의 공공철학은 국가와 개인의 사이를 중재하는 시민적 자원이 풍부해질 때 새로운 공공성을 창출하는 역할을 다할 것입니다. 이는 공(=국가, 전체)과 사(=개인, 부분)를 함께(共) 윈윈win-win하는 이념인 '활사개공活私開公'을 주창하는 일본의 공공철학과 일맥상통합니다.

활사개공의 공공철학

일본 공공철학의 태동기부터 관여한 야마와키 나오시山脇直司는 경제를 사회적인 것으로 부르며 공공 영역에서 배제하고, 경제활동을 공공성과 분리한 한나 아렌트의 한계를 지적하면서, 그녀의 자기-타자-공공세계론을 '공公, 사私, 공공公共의 삼원론三元論'과 '활사개공'에 조합해 자신의 공공철학 이론을 정립했습니다. 한편 공공철학연구회의 멤버인 이나가키 히사카츠稻垣久和는 공, 사, 공공의 삼원론과 '활사개공'에 아브라함 카이퍼의 '영역주권론' 등을 도입해 종교에서 본 공공철학에 관한 연구를 비롯해서 공공복지 이론 정립에 정력을 쏟고 있습니다(이나가키 히사카츠, 성현창 옮김, 『공공복지: 공공철학에서 복지사회를 전망하다』, 예영커뮤니케이션, 2013). 그럼 일본의 공공철학의 축을 이루는 '공, 사, 공공의 삼원론'과 '자기-타자-공공세계', 그리고 '활사개공'의 의미를 알아보기로 하지요.

1) 공, 사, 공공의 삼원론

공이 사적 영역이나 개인을 일컫는 사에 비해서 국가나 관을 의미한다는 것은 의문의 여지가 없습니다. 그런데 공과 공공은 그 의미가 같기도 하지만, 그 뉘앙스는 다릅니다. 공에는 동양적 정서에서 국가기구, 정부, 관 등의 제도화된 강력한 조직의 이미지가 있습니다. 그리고 공공기관, 공공단체 등에서처럼 공공 역시 정부의, 행정의 등의 의미가 내포되어, 공과 공공 모두 관官과 오피셜official의 의미를 갖는 정부를 담당자로 하는 공으로 표현할 수 있습니다. 즉 공공=국가적이라는 등식이 성립하는 것이지요. 그러나 공공복지라는 말이 있듯이, 공공적인 것에 대한 정의를 내린 한나 아렌트의 말을 빌리자면, 모두가 공유하는 세계로 모든 사람에 의해 지각되는 현상들의 현실입니다(한나 아렌트, 이진우 · 태정호 옮김, 『인간의 조건』, 한길사, 2011).

한편 '관에서 민으로'라고 할 때, 민은 관영기업이 아니라 민영기업이며, 국영화가 아니라 민영화라는 시장적인 의미도 있지만, 동시에 민은 비시장적이고 비영리적인 것을 가리켜 주민, 시민이라는 의미로도 해석할 수 있습니다(稻垣久和, 『公共福祉という試み 福祉國家から福祉社會へ』, 中央法規, 2010). 다시 말해 관인가 민인가라는 이원론적 구조에서 벗어나 NPO나 NGO 같은 비정부조직이나 민간비영리조직을 어떻게 정립할 것인가 하는 문제가 제시되는 것이지요.

그래서 일본의 공공철학은 관과 오피셜의 의미를 갖는 정부를 담당자로 하는 공과 민(사람들)이 지지하는 공공을 구별합니다(야마와키 나오시, 『공공철학이란 무엇인가?』). 그러나 대한민국 헌법을 살펴보면, 특히 개인의 재산권 행사와 국민의 자유와 권

리가 공공복리를 위해서 제한되어 있어, 공공성의 담당자는 국가나 정부라는 의식이 강합니다. 아무튼 공공철학에서는 공과 공공을 구별해 공은 국가나 관으로, 공공은 공(=국가)과 사(=개인)의 사이에 존재하는 개념으로 이해합니다. 다시 말하면 공공철학은 정부와 관의 공[the official]과 민의 공공[the public-common of people]과 사적 영역[the private, the personal]의 상호작용적 삼원론을 제창합니다(山脇直司, 『社會とどうかかわるか-公共哲學からのヒント-』, 岩波書店, 2010).

2) 한나 아렌트의 자기-타자-공공세계

국가적 공공성이 아닌 민의 공공성이 출현하는 단서를 한나 아렌트가 말하는 공공성의 의미를 통해서 알아보기 위해서 좀 긴 문장이지만 인용해보지요(한나 아렌트, 『인간의 조건』).

공공적이라는 용어는 서로 밀접하게 관련되어 있으나 완전히 일치하지 않는 두 현상을 의미한다. 이 용어는 첫째, 공중 앞에 나타나는 모든 것은 누구나 볼 수 있고 들을 수 있으며 그러므로 가능한 가장 폭넓은 공공성을 가진다는 것을 의미한다. 우리에게는 현상―우리 앞에 나타나고 있으며, 그것이 나뿐만 아니라 다른 사람에 의해서도 하나의 현상으로 지각되는 것―이 실재를 구성한다. …… 두 번째

로 공공적이라는 용어는 세계가 우리 모두에게 공통의 것common
이고, 우리의 사적인 소유지와 구별되는 세계 그 자체를 의미한다. 그
것은 차라리 인간이 손으로 만든 인공품과 연관되며, 인위적 세계에
거주하는 사람들 사이에 일어나는 사건에 관계한다. 세계에서 함께
산다는 것은 본질적으로, 탁자가 그 둘레에 앉는 사람들 사이에 존재
한다는 것을 의미한다. 모든 사이in-between가 그러하듯이 세계는
사람들을 맺어주기도 하고 동시에 분리시키기도 하는 사이다.

전자는 공개성의 의미로, 후자는 공통세계의 의미로 이해
할 수 있습니다. 공개성으로서 공간이라는 의미에서 공공성은
"나는 타인에게, 타인은 나에게 현상"하는, 즉 내가 타자와 대
면해서 나타나고 타자가 나와 대면해서 나타나는 현상의 공간
입니다(한나 아렌트, 『인간의 조건』). 타자란 나 이외의 모든 존재를
일컫는 것이 아닙니다. 타자란 한 개인으로서 나이면서 동시에
타자가 되는 나를 포함해서 타자라는 또 다른 한 개인을 있는
그대로 받아들일 때 그 의미가 성립합니다. 그리고 자기-타자
의 만남이 이루어지는 현상의 공간에서 사이존재로서, 나는 타
자로부터 응답을 받으며 사람들 사이에 일어나는 사건의 관계
속에서 존재 의의를 스스로 찾는 것입니다. 이것이 한나 아렌
트가 말하는 공공세계입니다.

다양성을 강조하는 한나 아렌트가 말하는 공공세계는 동질성과 이질성을 겸비한 인간들이 만들어가는 공공적 삶이 실현되는 터전입니다. 차이와 다름을 인정하는 공공세계는 획일적인 "동이불화同而不和"의 세계, 즉 억압적이고 폐쇄적인 전체주의적 공동체를 비판합니다(小林正弥,「新公共主義の基本的展望－戰後日本政治理論の觀點から」, 佐々木・金泰昌 編, 『21世紀公共哲學の地平』, 東京大學出版部, 2002).

공공적 영역의 현실성은 수많은 측면과 관점이 동시에 존재한다는 사실에 기초해 있다. 이러한 측면과 관점 속에서 공공세계 common world는 자신을 드러내지만, 이것들에 공통적으로 적용되는 척도나 공통분모는 있을 수 없다. 이 공공적 영역의 현실성은 모든 욕구를 충족하는 공통분모로서 화폐를 유일한 기초로 삼은 객관성과는 다르다. 공공세계가 모두에게 공통의 집합장소를 제공할지라도, 여기에 모이는 사람들의 위치는 상이하다. 두 대상의 위치가 다르듯이 한 사람의 위치와 다른 사람의 위치는 일치할 수 없다. 타자에 의해 보여지고 들려진다는 것의 의미가 있는 것은 각자 다른 입장에서 보고 듣기 때문이다. 이것이 공공적 삶public life의 의미다.[14]

이상과 같이 차이와 다름에 뿌리를 내리는 공공적 삶의 모습은 한나 아렌트의 사적private에 대한 견해를 통해서도 다시 확인할 수 있습니다(한나 아렌트, 『인간의 조건』).

본래 '박탈된'이라는 의미를 가지는 '사적인'이라는 용어는 공공적 영역의 이러한 다양한 의미와 관련되어 있다. 완전히 사적인 생활을 한다는 것은 우선 진정한 인간적 삶을 영위하는 데 본질적인 것이 박탈되었음을 의미한다. 타자에게 보여지고 들려진다는 경험에서 생기는 현실성이 박탈됨을 의미한다. 사적인 삶에서 박탈된 것은 타자의 존재다. 타자의 시점에서 보면 사적인 삶을 사는 인간은 현상하지 않으며, 따라서 마치 그는 존재하지 않는 것처럼 된다.

이러한 공공적 삶은 타자를 목적이 아니라 주체로 인식하고 주체와 주체로서 만남에 기초하여 형성되는 정체성, 이른바 상호주관성에 입각한 존중과 평등과 개방을 바탕으로 다름과 차이를 받아들이는 자기-타자 관계가 성립되고 나서야 비로소 열리는 삶입니다. 그래서 공공세계는 공리주의 사고처럼 유효성을 가치판단의 기준으로 삼는 세계가 아닙니다. 주지의 사실처럼 공리주의는 사회 전체의 행복을 위해서는 개개인의 존엄이나 인권을 무시해도 상관없다는 입장으로, 한 사람 한 사람의 존엄이나 인권이 억압당하거나 해칠 위험을 잉태하고 있습니다. 어쨌든 한나 아렌트는 공통성뿐만 아니라 다종다양한 독자성을 인간 행위의 조건으로 간주합니다.

관계의 목적은 관계를 가지는 것 자체로, 타자와 교섭하는 데 있지요. 그리고 관계는 상호적이며 남을 맞아들이려는 준비 태세입니다. 그래서 앞에서도 말했듯이 자기-타자 관계는 한 개인으로서 나이면서 동시에 타자가 되는 나를 포함해서 타자라는 또 다른 한 개인을 있는 그대로 받아들이는 데서 시작됩니다. 다시 말해 자기-타자 관계는 개인으로서 인격과 인격의 만남으로 나를 살리면서 타자도 살리는 만남으로, 활사活私의 전형적인 모습입니다. 마르틴 부버에 견주어 말하면 자기-타자 관계는 '나-너'의 관계이며, 자기는 타자와의 직접적인 관계를 매개로 비로소 자기가 되는 것이며, 온전한 만남이 이루어지는 기점입니다. 이런 관계는 "자기가 서고 싶으면 남도 세워주고, 자기가 어떤 목적을 이루고 싶으면 남도 이루어지게 해준다"(論語, 「雍也」)와 "무엇이든지 남에게 대접을 받고자 하는 대로 너희도 남을 대접하라"(『성경』, 「마태복음」 7장 12절)처럼 더불어 사는 공동체의 삶으로 확장되어 상생相生의 관계로 발전하는 것입니다. 이는 자기-타자 관계가 수직적 인간관계보다는 수평적 인간관계를 베이스로 삼았음을 암시합니다.

한나 아렌트의 공공세계는 자기-타자의 관계를 기반으로 성립하는데, 자기-타자의 관계는 타자에게 "보여지고 들여지는" 만남에서 첫 단추가 끼워집니다. 이 만남은 마르틴 부버가 주장하는 '나-너'의 세계에서 이루어지는 대화적이고 인격적이며 상호적인 만남으로 이해할 수 있습니다. 왜냐하면 마르틴 부버의 '나-너'의 관계에서 '나'는 인격으로 나타나고 자기를 종속적 존재가 아닌 주체성으로 의식하기 때문입니다. 대화적 인격의 만남이 이루어지는 세계로서 마르틴 부버의 '나-너'의 관계는 한나 아렌트의 공공세계가 펼쳐지는 터전이 됩니다. 그리고 대화적 인격은 "말로나 인간관계로서 자신의 환경에 대하여 개방적으로 커뮤니케이션을 하는 사람을" 일컫습니다(이규호, 『사람됨의 뜻』, 서울, 제일출판사, 1999).

그래서 한나 아렌트의 공공세계는 고립된 실존 속에 있는 것이 아니라 관계를 형성해 나가는 참다운 인간 존재 사이의 커뮤니케이션을 통해서 이루어집니다. 다시 말하면 한나 아렌트에게 공공성은 공적 영역처럼 공간개념을 함축하면서 타자와 커뮤니케이션 속에서 개인의 자기실현과 존엄이 발휘되는 것과 밀접한 관계가 있는 것으로, 타자성에 입각한 공공성입니다. 이것은 공공성의 개화의 시발점이 이질적인 타자를 인정하고 수용하는 데 있음을 암시하며, 존재보다는 관계를 중시하는 케어윤리도 공유하는 것입니다. 한나 아렌트의 공공성을 도식화하면 옆의 그림과 같습니다.

개 개 개 개   개   개   개   개   ⇨   공공성
인 인 인 인   인   인   인   인

자기 - 타자 - 공공세계

대화

사적 삶   공공적 삶

따라서 앞 그림의 타원형은 사회 모든 영역에서 공공성이 개화되는 장입니다. 그러나 근대에 이르러 사적 경제의 비대화에 의한 정치적 영역의 침식 상태에서 탈피하기 위해서 정치적 공공성의 복권을 주창한 한나 아렌트는 경제를 사회적인 것으로 부르고 공공 영역에서 배제하면서 경제활동을 공공성과 분리합니다. 한나 아렌트의 한계를 지적하면서 그녀의 자기-타자-공공세계를 도입한 것이 '활사개공'의 공공철학입니다.

3) 활사개공의 공공철학

'활사개공'의 사는 거대하게 시스템화한 공(국가, 관)에 의해 도구화되는 개인으로서 사도 타자를 무시하는 자기중심적인 개인으로서 사도 아닙니다. 활사의 사는 자기이며 동시에 개인인 인격을 의미합니다. 더할 나위 없는 나, 다른 것으로 바꾸기 어려운 희소가치로서의 나, 인권과 권리의 주체인 나이면서 이질적인 타자를 고려하는(이나가키 히사카츠, 『공공복지: 공공철학에서 복지사회를 전망하다』), 마이클 샌델이 말하는 '인격적 성질'도 이에 속할 것입니다. 그래서 '활사개공'은 타자와의 인격적인 관계를 고려하면서 나를 살림과 동시에 이질적인 타자도 살리면서 함께 살아가는 것으로, 거기에서 공공성이 달성된다는 의미입니다. 다시 말하면 활사의 사가 자기뿐만 아니라 타자를 존엄한 존재로 인정할 때 비로소 '활사개공'은 한 사람 한 사람의 개인을 이질적인 타자 관계 속에서 살리면서 민의 공공성을 개화시켜 정부의 공을 가능한 열어가는 개인-사회관으로, 공(=국가, 전체)과 사(=개인, 부분)를 함께[共] 원원하는 이념입니다.

그런데 여기서 우리가 주목해야 할 것은 공의 반대어인 사의 의미입니다. 사를 단순한 원자론적 개인으로 여긴다면, 국가라는 공을 위해서 사적인 것을 희생한다는 멸사봉공이나 자신의 사생활만을 생각하고 사람들과의 공공 생활은 무시해도 된다고 하는 멸공봉사에 빠질 가능성이 생깁니다. 여기서 공공철학은 공사이원론에 기초한 멸사봉공과 멸공봉사에 대항할 이념으로 '활사개공'을 전면으로 내세웁니다.

그럼 활사의 사는 어떻게 규정할 수 있을까요. 그 대답은 『논어』의 "화이부동和而不同"에서도 찾을 수 있습니다.

화합[和]한다는 것은 마르틴 부버의 말을 빌리면, 타자를 객체인 그것이 아니라 주체인 너로 인정한다는 것으로 해석할 수 있습니다(마르틴 부버, 『나와 너』). 즉 '나-그것'의 관계가 아니라 '나-너'의 관계이지요. 그리고 '나-그것'의 관계는 타자를 멸사화滅私化하고 나를 봉사화奉私化합니다. 그래서 "화이부동"은 '나-너'의 관계를 유지하되 '나-그것'의 관계를 맺지 않는다고 풀어 해석할 수 있고, 멸사화와 봉사화가 아닌 활사화活私化의

길이라 명명할 수 있습니다.

결국 '활사개공'은 공공철학을 상징하는 이념으로 공공철학이 모든 사람[公]과 함께[共]하는 철학으로써 실천학임을 시사합니다. 멸사봉공과 멸공봉사와 '활사개공'을 간단히 도식화하여 비교해보면 옆의 그림과 같습니다.

마이클 샌델의 공화주의적 공공철학이 말하는 '인격 형성적 계획formative project'과 일본의 공공철학이 내세우는 '활사개공'의 활사는 이명동의로, 좋은 시민이 요구하는 덕성을 갖출 역량이 필요하다는 것입니다. 이것은 공공성의 지평 확대를 위해서는 '인격 형성적 계획'이나 활사가 선결문제이고, 공공철학이 공공성을 지향하는 인간학으로서 실천학임을 제시합니다. 달리 말하면 인간다움을 실천하는 것이 공공성이 개화되는 정의로운 사회를 실현하는 키워드가 되는 것입니다. 그래서 「5장 회복」에서 유교와 기독교를 중심으로 인간다움이 무엇인지를 살펴보았던 것입니다.

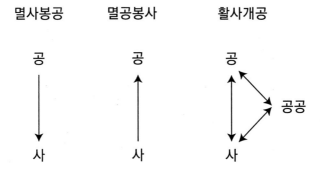

민의 공공성 확립을 위해서

헌법에서 공공성의 문제는 '국민의 권리와 의무'를 정하는 헌법 제2장 안에, 기본권 주체에게 기본권을 향유함에 있어서 지향해야 할 목적으로 공공복리를 지시한 제23조 제2항과 제37조 제2항을 둘러싸고 논의되고 있습니다. 제37조 제2항의 내용을 소개하면 다음과 같습니다.

국민의 모든 자유와 권리는 국가 안전 보장 · 질서 유지 또는 공공복리를 위하여 필요한 경우에 한하여 법률로써 제한할 수 있으며, 제한하는 경우에도 자유와 권리의 본질적인 내용을 침해할 수 없다.

공공복리를 위해서 국민의 자유와 권리가 제한받을 수 있다는 것은 공공성의 담당자가 국가나 정부에 있음을 암시합니다.

또한 공공복리는 자유와 권리에 제한을 주는 조건으로 소극적 의미에 사용되기도 합니다.

그러나 만약 국가-개인 내지는 공-사라는 이원론이 아니라 국가-공공-개인이라는 삼원론의 관점에서 헌법에서 제시된 공공복리를 해석한다면, 국가나 정부의 일방통행식 주도가 아닌 민의 공공성이 창출될 것입니다. 이 역할은 NGO나 NPO 같은 시민단체가 담당해야 할 역사적 사명이 아닐까 제안해봅니다.

마이클 샌델은 공화당과 민주당을 막론하고 미국의 역대 대통령이 당선된 이유를 정치 언어에 자유주의적 중립을 뛰어넘는 도덕적, 영적 차원이 존재했다는 독특한 지적을 합니다. 특히 오마바 대통령의 도덕적, 종교적 담론이 담긴 연설을 훌륭한 정치적 직관을 드러낸 것으로 높이 평가합니다(마이클 샌델, 『정의란 무엇인가』). 대한민국의 선거는 다 진보와 보수의 한판승 구도로 되어 있습니다. 유권자로서 우리에게 필요한 것은 진보와 보수라는 정치적 성향이 아니라, 이들 후보자들의 정치 언어에 자유주의적 편향성은 없는지를 체크하는 것이 아닐까요.

도덕에 기초하는 정치가 시민의 사기 진작에 도움이 될 뿐만 아니라 정의로운 사회를 건설하는 기반을 제공한다면, 일상생활에서 정치권에 이르기까지 비난과 비판이 혼용되는 대한

민국에서 우리가 시민의 덕으로 갖추어야 할 것은 비판적 사고의 함양이 아닐까요. 그렇지 않으면 시민의 맹목적인 믿음과 관료적 순응으로 초래하는 '악의 평범함'이 당연시되어 건전한 대화를 통한 공공성 확립은 소원해질 것입니다. '악의 평범함'이 어떤 결과를 초래하는지는 박근혜 대통령 국정논단을 통해서뿐만 아니라 조국 사태를 겪으면서도 우리가 뼈저리게 느끼고 있습니다.

공공성의 지평을 확장하기 위해서 중국 북송 시대의 신유학자인 이정二程 형제의 말을 되새김할 필요가 있습니다(『河南程氏遺書』권5).

세상의 모든 사람에게 적용되는 공공적인 일이라도 사심을 품고 처리한다면 그것은 사사화私事化가 되어, 공공성이 없어지게 된다.

에필로그

우리는 인간성과 인간다움을 뜻하는 라틴어 '후마니타스 humanitas'는 교양이라는 말에 해당하는 희랍어 '파이데이아 paideia'에 뿌리를 두었다는 사실과 인간만이 가진 고유한 속성으로 완전한 것을 향해 끊임없이 상승해가는 역동적 정신을 본질로 하는 철학하기가 사士에서 현賢으로 현에서 성聖으로 도달하려고 간구하는[希] 유학의 정신과 상통함을 알 수 있었습니다. 그래서 희希를 동양적 에로스로서 동양철학을 하는 정신으로 명명했고, 인문학이 교양교육의 근간이자 곧 철학하기임을 밝혔습니다. 그리고 지혜를 사랑한다는 철학의 의미는 철학함이 역동적인 생각을 동반하는 행위였습니다.

따라서 삶의 지혜는 생각의 실타래를 어떻게 풀어헤치는가에 따라 방향이 결정됩니다. 우리의 존재 근거인 생각을 사실적, 논리적, 비판적, 종합적, 긍정적, 분석적, 창의적 관점에서 분류해 그 의미를 확인하고, 이들 생각의 여러 유형이 결국 따로 국밥이 아니라 비빔밥처럼 서로 뒤섞이고 유기적으로 작용하고 있음을 드러내어, 삶의 지혜를 산출하는 기반을 다지는 초석이 '생각하기=질문하기'에 있음을 밝혔습니다. 이는 '생각하기=질문하기'가 이성적으로 성찰하는 삶이 가치 있는 삶임을 깨닫게 하는 통로임을 일깨워줍니다. 그래서 '인문학=철학하기=생각하기'라는 등식이 자연히 부각되었습니다. 생각하는 힘은 4차 산업혁명 시대에 가장 필요한 역량입니다. 그러나 암기 위주와 4지 선답형 문제로 평가하는 주입식 한국교육은 AI(인공지능), IOT(사물인터넷), 빅데이터 등과 융합해 사회 전반에 혁신적 변화를 창의적으로 이끌 미래의 인재 양성과는 거리가 먼 듯합니다.

우리들의 삶은 만남의 연속입니다. 그러나 현대인의 삶은 이웃과의 단절 속에서 괄호 안에 자신을 가두어 둔 외로움의 분투기가 된 지 오랩니다. 마르틴 부버가 제시한 나와 너의 관계, 그리고 나와 그것의 관계는 진정한 만남이 무엇인지 우리에게 제시해주었습니다. 만남의 첫 단추는 이질적인 타자를 받아들이는 데 있습니다. 이는 이질적 타자에 대한 존중을 선결로 하는 『논어』의 "화이부동和而不同"과도 상통하며, 주희의 말을 빌리면 "사람과 나는 하나이며 사물과 나는 하나이다[물여기 일인여기一, 物與己一]"의 관계입니다. 타자를 객체로서 그것이 아닌 주체로서 너로 인식할 때, 우리의 삶은 가슴으로 대화하며 서로의 서로됨을 그대로 받아들이는 온전한 만남을 통해서 종교적으로 인격적으로 정신적으로 물질적으로 풍요로워질 것입니다. 왜냐하면 주체로서 나는 궁극적인 실체와 자연과 이질적인 타자를 너로 만날 수 있기 때문이지요. 더욱 장폴 사르트르의 즉자적 존재와 대자적 존재를 나와 너 그리고 나와 그것에 적용하여 설명하므로써 사물화가 아닌 주체성을 드러내는 삶이 진정한 만남이 이루어지는 터전임을 밝혔습니다. 그리고 '나-너'의 관계에서 이루어지는 만남이 존재보다는 관계를 중시하는 케어윤리도 공유하는 것입니다. 케어윤리의 원형은 자녀에 대한 부모의 보살핌입니다. 그리고 케어윤리는 정의의 의무보다는 이웃사랑의 의무를 바탕으로 하는 공동체의 연대성으로, 정의의 윤리로서 평등이라는 잣대보다는 어떤 누구도 상처를 받아서는 안 된다는 비폭력을 보편적 원리로 삼았습니다. 더욱 케어윤리는 아리스토텔레스의 우애, 기독교의 이웃사랑, 불교의 자비, 유교의 인애仁愛를 바탕으로 한 사회적 행위입니다.

기독교의 아가페, 불교의 자비, 유교의 인仁은 각각 표현이 달라도 바로 사랑을 의미합니다. 에리히 프롬은 『사랑의 기술』에서 성숙한 사람은 어머니의 무조건 사랑과 아버지의 조건적 사랑을 자신의 내면에 간직하고 자기화한다고 주장합니다. 우리는 과연 성숙한 사람인가요. 음란 행위 혐의로 물의를 일으킨 제주지검장은 성장 과정에서 억압됐던 분노감이 비정상적인 본능적 충동과 함께 폭발해 잘못된 방식으로 표출된 정신장애 상태였다고 합니다. 그래서 우리는 지적 성숙뿐만 아니라 심적으로 성숙한 사람이 되려면 부모의 사랑이 얼마나 중요한지를 확인했습니다. 세계적인 가수 마돈나의 인터뷰 내용은 어머님의 무조건적 사랑이 얼마나 중요한지를 각인시켜주었습니다.

　사랑은 표현이 달라도 인간다운 인간화를 자신의 '안으로부터의 깨달음enlightenment from within'으로 실현하려는 유교와 하나님에 대한 '밖으로부터의 구원salvation from without'에서 찾는 기독교의 최고 덕목입니다. 그래서 유교의 인간다움과 기독교의 인간다움을 비교하면서, 인간의 보편성과 그에 따른 보편적 가치를 확인했습니다. 이 작업에서, ① 유교적 삶을 지향하는 사람에게 인의를 실천한다는 것은 하늘이 부여한 의미이며 사랑이고, 사랑은 '공公→인仁→애愛'라는 과정을 거쳐 드러나는 감정이다. ② 충서忠恕를 실천하는 사람이 하늘의 마음을 실천하는 사람이다. ③「창세기」의 '그들'은 자기중심적인 생각과 의지 없이 하나님에게 100퍼센트 순종하는 정직한 인격체이며, 기독교의 인간다움은 옛사람에서 새사람으로, 새사람에서 온전한 사람으로 상승해가는 과정에서 묻어난다. ④ 무차별적으로 사랑하며 대가 없는 희생과 용서를 하는 사람이 하나님 나라를 실천하는 사람이다는 점을 확인했습니다.

　도덕적 의무를 가지면서 동시에 그것을 행해서는 안 되는 도덕적 이유를 내세우는 상황은 분명히 도덕적 딜레마의 전형적인 케이스입니다. 그래서 먼저 규범을 지킬 것인가, 상황에 따를 것인가 하는 갈등을 해소할 지혜를 『맹자』에서 보이는 권에 대한 주희의 해석을 통해서 알아보았습니다. 주희의 권설은 규범과 상황을 대립이 아닌 상호보완관계로 파악하고, 규범과 상황과 주체의 결합에 의해서 그 상황에 적합한 윤리적 책임을 요구하는 종합적 윤리로 격변하는 상황 속에서 기존의 규범과 대립하는 지금 시대에 요구되는 윤리 이론으로 평가받기 충분했습니다. 한편 도덕적 딜레마에 직면했을 때, 우리가 어떻게 판단하고 처리할지를 무수한 실례를 통해서 제시한 것이 최단기간 판매부수 100만 부라는 경이적 기록을 세운 마이클 샌델의 『정의란 무엇인가』입니다. 이 책에서 다루는 공리주의, 칸트의 의무론, 존 롤스를 대표로 한 자유주의 등을 통해서 과연 정의란 무엇인가를 살펴보면서, 공공성의 지평 확대를 지향하는 공공철학에 대해서 알아보았습니다. 이를 통해서 공공철학이 모든 사람[公]과 함께[共]하는 철학이며, 공공성을 지향하는 인간학으로서 실천학임을 제시하고, 유교적이든 기독교적이든 인간다운 인간화는 공공성이 개화되는 정의로운 사회를 실현하는 선결과제임을 확인했습니다. 그리고 만약 국가-개인 내지는 공-사라는 이원론이 아니라 국가-공공-개인이라는 삼원론의 관점에서 헌법에서 제시된 공공복리를 해석한다면, 국가나 정부의 일방통행식 주도가 아닌 민의 공공성이 창출되지 않을지를 조심히 제안해보았습니다.

이와 같은 결과를 통해서 우리는 ① 인간의 행복은 스스로 생각할 때 도래하고, ② 다종교, 다문화사회가 된 한국사회에서 절실히 필요한 이질적 타자와 연대를 이루고 공공성의 지평을 확대하려면, 무엇보다도 케어윤리가 절실하며, ③ 개방, 공유, 소통을 축으로 하는 공공에 주체적으로 참여하는 시민의 덕을 고취하고, ④ 인문학이 대학 교양교육의 지축이고, ⑤ 교양으로서 철학을 몸에 익혀야 함을 깨닫게 되었습니다. 특히 박근혜 대통령 국정논단 사건을 시작으로 이명박 전 대통령의 구속을 거쳐 촛불혁명에 힘입어 들어선 문재인 정권의 조국 사태로 시작된 진영 논리의 늪에서 양극화된 한국사회를 통해서 비판적 사고의 함양이 얼마나 중요한지를 새삼 느꼈습니다. 더욱이 이들이 정약용의 『목민심서牧民心書』에 나오는 "시공여사視公如私(공적인 물건을 자기 물건처럼 아껴라)"를 알았더라면 하는 아쉬움이 듭니다.

이제 우리는 인문학이 자기실현의 기회를 창출하고 타자를 배려하는 열쇠가 되어, 한국에서 살아가는 시민에게 긴요한 문제임을 인식시키는 효과를 기대할 수 있을 것입니다. 끝으로 일상의 고민과 의문을 생각하는 훈련이 되어 일상생활의 문제를 철학으로 해명하는 교양으로서 철학이 몸에 익숙해지길 바랍니다.

주석

2장. 지혜

1) 이 장은 필자가 2006년 9월부터 약 3년 가까이 한우리 독서지도
자 양성반 강의를 하면서 사용한 교재『독서교육론독서논술지도
론(독서지도 양성과정 기본교재 Ⅰ)』(한우리독서문화운동본부 교재집
필연구회, 위즈덤북, 2006)의 09 논리와 논술의 이해의 1장 상상력
과 사고력을 참고했음을 밝힌다. 특히 이 장에서 다룬 여러 유형
의 생각은 한우리 독서지도 양성과정 기본교재의 분류방식을 차
용했음도 밝혀 둔다. 덧붙여서 말하면 교재에는 사실적인 사고,
논리적인 사고, 비판적인 사고, 긍정적인 사고, 종합적인 사고, 창
의적인 사고로 분류했다.

3장. 만남

1) 『孟子』,「公孫丑上」, "所以謂人皆有不忍人之心者, 今人乍見孺子將入於井, 皆有怵惕惻隱之心. 非所以內交於孺子之父母也, 非所以要譽於鄉黨朋友也, 非惡其聲而然也."

5장. 회복

1) 「창세기」 1장 4, 10, 12, 18, 21, 25절에는 하나님이 창조 일주간 매일매일 지으신 것을 보고, "보기에 좋았더라it was good"라고 하고, 특히 마지막 날에는 "심히 좋았더라it was very good"(31절) 하여 흡족해 한다.

2) 『성경』,「신명기」 10장 16절, 그러므로 너희는 마음에 할례를 행하고 다시는 목을 곧게 하지 말라. 이 이외에도 마음의 할례는 「레위기」 26장 41절, 「예레미야」 4장 4절과 9장 25-26절 등에 보인다.

3) 미혹한 마음은 「민수기」 15장 39절, 교만한 마음은 「신명기」 8장 14절, 강퍅한 마음은 「출애굽기」 7장 3절, 패역한 마음은 「잠언」 6장 14절, 완악한 마음은 「이사야」 46장 12절, 사악한 마음은 「시편」 101편 4절 등에 수없이 보인다.

4) 감정의 중심으로 마음에 나타나는 놀람은 「사사기」 7장 2절, 근심은 「에스겔」 32장 9절, 즐거움은 「사사기」 21장 4절, 기쁨은 「출

애굽기」 4장 14절, 분노는 「욥기」 15장 13절, 절망은 「신명기」 1장 28절 등 일일이 열거할 수 없다.

5) 존 칼빈과 헤르만 바빙크 등은 옛사람을 타락한 본성으로 해석해 옛사람과 새사람을 옛본성과 새본성으로 동일시함으로써 그리스도 개인의 영적 싸움을 다루는 성화에 포함시키는 반면, 존 머레이와 안토니 A. 후크마는 옛사람과 새사람을 중생 전의 상태와 중생 후의 상태로 설명한다(안토니 A. 후크마, 류호준 옮김, 『개혁주의 인간론』, 기독교문서선교회, 2004, 51~60쪽; 안토니 A. 후크마, 류호준 옮김, 『개혁주의 구원론』, 기독교문서선교회, 1993, 343~353쪽). 전자의 경우는 "우리의 겉사람은 낡아지나 우리의 속사람은 날로 새로워지도다"에서 알 수 있듯이 옛사람과 새사람 관계가 겉사람과 속사람의 관계와 중첩된다. 본고는 안토니 A. 후크마의 견해를 따른다.

6) 후크마는 비공유성인 하나님의 전지성, 전능성, 무재부소는 불가능하지만 에베소서 5장 1절을 전후로 사랑과 용서의 측면에서 우리가 하나님과 같아질 수 있다고 한다(안토니 A. 후크마, 류호준 옮김, 『개혁주의 인간론』, 54~56쪽).

6장. 정의

1) 『孟子』, 「離婁上」, "男女授受不親, 禮也. 嫂溺授之以手者, 權也."

2) 『성경』, 「마태복음」 12장 11-12절.

3) '勢'는 용어 사전에 의하면 상황, 경향, 잠재력, 힘 등의 의미를 함축한다. 이러한 세에 관한 연구로는 이하의 것들이 눈에 띈다.

　馮友蘭은 세를 상황으로 파악하고, 어떤 사물의 理가 발현되기까지는 모든 세가 형성되지 않으면 안 되며(기상관련의 지식과 내연기와 경금속 등의 제반 조건이 다 준비되고 나서야 비행기의 리가 발견되고, 그 리에 의해서 비행기가 제조되는 경우), 사상을 세의 반영이라고도 한다. 그리고 그는 연속성을 갖는 역사에 존재하는 다양한 사건 사태가 세에 의한 것으로 해석한다. 더욱 그는 세에 따른 행위가 권이라고는 단언하지 않지만 세를 窮則變의 단계와 變則通의 단계로 구별하고 세에 순응하는 행위가 無爲이며, 이 무위가 宋儒의 리라고 간주한다(馮友蘭, 『貞元六書』上第6章勢 歷史, 1938, 192~312쪽). 풍우란의 영향을 받아 三浦國雄(「氣勢事勢-朱熹歷史意識-」, 《東洋史硏究》42, 1984, 595~618쪽)는 세를 중심으로 주희의 역사의식을 밝히고 있다. 한편 楊勝寬은 세를 정치적 권력으로 간주하고 사회발전변화를 법가의 尊法貴勢와 유학의 仁義道德, 즉 세와 리와의 대립과 상호보완관계로 파악하고 있다(楊勝寬, 「論 "勢"」, 《中國哲學史 · 復印報刊資料》10, 中國人民大學, 1990, 8~14쪽). 그리고 桂勝은 세를 모든 사물의 운동에 함유되어 있는 力量의 趣向으로 규정한 후에 形勢 時勢 理勢 權勢 등의 의미를 분별하고 있

다(桂勝, 「"勢"論通說」, 《武漢大學學報 · 哲學社會科學》4, 武漢大學,
1996, 29~33쪽). 무엇보다도 세를 키워드로 해서 중국인의 사유방
식을 파악한 프랑수와 줄리앙의 연구(프랑수아 줄리앙, 박희영 옮
김, 『사물의 경향』, 한울, 2009)는 주목할 가치가 있다.

4) 經은 불변적인 常道로서 일반적으로 불변의 보편적 법칙을 가리
키며 도덕적으로는 유교의 오륜이 그 대표다.

5) 『孟子』, 「公孫丑上」, "齊人有言曰, 雖有智慧, 不如勝勢.": 상황.
『孟子』, 「離婁上」, "公孫丑曰, 君子之不敎子, 何也. 孟子曰, 勢不行
也.": 취향.
『孟子』, 「告子上」, "今夫水, 搏而躍之, 可使過顙. 激而行之, 可使在山.
是豈水之性哉. 其勢則然也.": 힘.
『孟子』, 「盡心上」, "古之賢王好善而忘勢, 古之賢士何獨不然. 樂其道而
忘人之勢.": 권세.

6) 『朱子語類』 권35, "周自日前積累以來, 其勢日大, 又當商家無道之時,
天下趣周, 其勢自爾. 至文王三分有二, 以服事殷, 孔子乃稱其至德. 若
非文王, 亦須取了. …… 周子曰, 天下, 勢而已矣. 勢, 輕重也. 周家基業
日大, 其勢已重, 民又日趣之, 其勢愈重, 此重則彼自輕, 勢也."

7) 漢儒의 '反經合道'와 程頤의 '權只是經'에 대한 주희의 해석을 정리
하면 다음과 같다.
1. '반경합도'는 경과 권이 구별을 갖는 상반관계임을 나타낸 정

의로 '반경'의 '경'은 실제로 행할 수 없게 된 일이다. 즉 이 '경'은 도덕규범이나 자연법칙 전반 가운데의 하나의 도리 · 질서라는 좁은 의미다.

2. '권지시경'은 권 실행의 목적 · 결과를 나타낸 명제다. '권지시경'의 '경'은 넓은 의미의 경, 즉 道이고 더 나아가서는 '반경합도'의 '합도'의 의미를 부연한 것이다(成賢昌, 「朱熹の「權」說について」, 《東洋の思想と宗教》제17호, 2000, 79~97쪽 참조).

8) 주희의 권설에 관한 논문에는 山根三芳, 「朱子の倫理思想に於けるの權意義」, 《日本中國學會報》제10집, 1958, 103~118쪽과 Wei Cheng-T'ung(韋政通), "Chu Hsi on the Standard and the Expedient", Wing-Tsit Chan(ed), *Chu Hsi and Neo-Confucianism*, University of Hawaii, 1986, pp. 255~272 등이 있다. 山根은 주희의 사상체계는 주희 이전의 제가의 제사상을 집대성한 바에 의의가 있다고 하고 집대성이라는 견지에서 권의 의미를 파악하고자 했다. 그래서 山根은 주희의 주요한 비판의 대상이 되었던 漢儒의 '反經合道'와 程伊川의 '權只是經'을 주희가 어떻게 취사 선택했는지에 관해서 언급한다. 그러나 두 주장에 관한 주희의 해석을 간파하지 못한 까닭인지 한편에서는 山根은 이천의 주장을 비판적으로 수용한 주희의 발언만을 다루고, 그것을 주희의 권설로 삼는 경향도 보이다. 韋는 경과 똑같이 권도 道

에 속하는 동위 개념이라고 하는 주희의 해석에서 '반경합도'와 '권지시경'이 각각 갖는 모순이 종합되었다고 지적해, 山根보다도 '반경합도'와 '권지시경'을 분석적으로 해부하고 있지만, 주희가 '반경합도'와 '권지시경'을 어떻게 수용·절충하여 자신의 권설을 구축했는가에 대해서는 관심 밖의 문제이었는지 한 줄도 언급하고 있지 않다. 그리고 舜이 부모에게 알리지 않고 장가를 간 행위만을 권이라고 간주한 韋는 역사 事象이기도 한, '君臣有義'를 깬 湯武의 행위와 형제의 우애를 저버린 周公의 행동을 권에 입각한 것으로 파악한 주희의 견해를 부조리라고 지적하고, 탕무와 주공의 행위에 타당성을 부여하려면 별도의 표준이 적용되지 않으면 안 된다고 주장한다. 그러나 韋는 商에서 周으로 역사 변역의 과정을 勢를 이용해서 설명하는 주희가 그 과정에서 일어난 문무왕의 행위, 즉 천하의 3분의 2를 차지하지만 商을 취하지 않았던 문왕의 행동과 桀王을 토벌하고 商을 정복한 무왕의 행위를 권이라고 규정하면서 권과 세의 상관성을 시사하고, 더욱 문왕의 행동을 事勢와 권을 사용해서 논술하고 있음을 간과했는지 그 판단 기준이 세에 있음을 알지 못했다.

9) 『朱子語類』권37, "經自經, 權自權. 但經有不可行處, 而至於用權, 此權所以合經也."; 『朱子語類』권37, "若說權自權, 經自經, 不相干涉, 固不可."; 『朱子語類』권37, "某以爲反經而合於道, 乃所以爲經." 이상의

주희의 발언을 종합해보면, 주희가 경과 권의 관계를 다음과 같은 일련의 과정에서 생각했으리라고 추측할 수 있다. 즉 '經自經, 權自權(경은 스스로 경이고 권은 스스로 권이다)'은 권을 실행하기 이전의 상태를, '經有不可行處(경에는 행할 수 없는 경우가 있다)'는 협의의 '경'을 행할 수 없게 되므로 권 실행의 필요성의 인식이 생긴 시점을, '至於用權', '不相干涉, 固不可(권을 이용하는 경우에 이르러 서로 간섭하지 않으면 옳지 않다)'는 경의 보완적 수단으로서 권이 경을 적용할 수 없는 사태에 즉시 대응하는 시점을, '此權所以合經也', '乃所以爲經(이것은 권이 경에 합치하는 바이니 바로 경이 되는 까닭이다)'은 권 실행의 목적 · 결과를 나타냈다고 이해할 수 있다. Wei Cheng-T'ung도 '乃所以爲經'의 '經'은 道와 같다고 한다 (Ibid., p.259).

10) 成賢昌, 「상황윤리에서 본 朱熹의 '權'說」,《東洋哲學》제17집, 2002, 88쪽 그림을 수정 재인용.

11) 롤스의 무지의 베일 아래에서 자아는 구체적 상황이 결여된 추상적이고 형식적인 자아로 도덕적 또는 정치적 책무를 지지 않는다. 이것을 샌델은 무연고적 자아라는 용어로 비판하고 옳음의 좋음에 대한 우의성이라고 비판한다.

12) 부제에 있는 'public philosophy'를 무시한 채 "민주의의의 불만: 무엇이 민주주의를 뒤흔들고 있는가"라는 타이틀로 번역 출

판(마이클 샌델, 안규남 옮김, 『민주주의의 불만: 무엇이 민주주의를 뒤흔들고 있는가』, 동녘, 2012)되었다.

13) "왜 도덕인가?"의 타이틀로 번역 출판(마이클 샌델, 안진환 · 이수경 옮김, 『왜 도덕인가?』, 한국경제신문, 2011)되고, 영어판 *PUBLIC PHILOSOPHY: Essays on Morality in Politics*(Harvard University Press, 2005)와 제목이 다를 뿐만 아니라 목차와 내용에도 차이가 있다.

14) 한나 아렌트 지음, 이진우 · 태정호 옮김, 『인간의 조건』, 한길사, 110~111쪽.

참고문헌

1. 원전류

『論語』.

『孟子』.

『大學』.

『中庸』.

『易經』.

『通書』.

『河南程氏遺書』.

『四書集注』.

『四書或問』.

『朱子語類』.

『朱子文集』.

『성경』.

2. 저서

경기대학교 글쓰기교재연구회, 『글쓰기2012-2학기』, 경기대학교,
　　2012.

고도원, 『꿈 너머 꿈』, 나무생각, 2007.

기독교윤리실천운동 엮음, 『공공신학』, 예영커뮤니케이션, 2009.

김교환, 『도덕교육과 행복교육』, 강원대학교출판부, 2013.

김주현, 『생각의 힘 비판적 사고와 토론』, 아카넷, 2013.

金泰昌 編, 『公共する人間』(전5권), 東京大學出版部, 2010~2011.

나덕렬, 『잠자는 CEO 당신의 앞쪽뇌를 깨워라』, 허원미디어, 2008.

낸시 피어시, 홍병룡 옮김, 『완전한 진리』, 복 있는 사람, 2006.

닐 브라운, 스튜어트 킬리, 이명준 옮김, 『비판적 사고력 연습』, 돈키
　　호테, 2011.

다치바나 다카시, 이정환 옮김, 『도쿄대생은 바보가 되었는가』, 청어
　　람미디어, 2002.

랜 라하브 편저, 정재원 옮김, 『철학상담의 이해와 실천』, 시그마프레
　　스, 2013.

레슬리 스티븐슨 데이비드 헤이버먼, 박중서 옮김, 『인간의 본성에
　　관한 10가지 이론』, 갈라파고스, 2009.

로버트 벨라 외, 김명숙 외 옮김, 『미국인의 사고와 습관: 개인주의와 책임감』, 나남, 2001.

로저 트리그, 최용철 옮김, 『인간 본성에 대한 철학적 논쟁』, 간디서원, 2003.

리처드 니스벳, 최인철 옮김, 『생각의 지도』, 김영사, 2008.

마르쿠스 툴리우스 키케로, 김창성 옮김, 『국가론』, 한길사, 2007.

마르틴 부버, 김천배 옮김, 『나와 너』, 대한기독교서회, 2007.

마르틴 코르테, 유영미 옮김, 『전두엽이 춤추면 성적이 오른다』, 알에이치코리아, 2012.

마이클 샌델, 이창신 옮김, 『정의란 무엇인가』, 김영사, 2011.

마이클 샌델, 안진환 이수경 옮김, 『왜 도덕인가?』, 한국경제신문, 2011.

마이클 샌델, 안규남 옮김, 『민주주의의 불만-무엇이 민주주의를 뒤흔들고 있는가』, 동녘, 2012.

메리 리치, 이종인 옮김, 『영화로 철학하기』, 시공사, 2004.

문석윤, 『동양적 마음의 탄생』, 글항아리, 2013.

변광호, 『장폴 사르트르 시선과 타자』, 살림, 2014.

송주복, 『朱子書堂은 어떻게 글을 배웠나』, 청계, 1999.

안토니 A. 후크마, 류호준 옮김, 『개혁주의 인간론』, 기독교문서선교회, 2004.

알버트 월터스, 양성만 옮김,『창조타락구조』, Ivp, 2007.

야마와키 나오시, 성현창 옮김,『공공철학이란 무엇인가?』, 이학사, 2011.

얼 쇼리스, 고병헌 · 이병곤 · 임정아 옮김,『희망의 인문학』, 이매진, 2008.

에리히 프롬, 황문수 옮김,『사랑의 기술』, 문예출판사, 2004.

엘코논 골드버그, 김인명 옮김,『내 안의 CEO 전두엽』, 시그마프레스, 2008.

원광대학교 마음인문학연구소,『마음의 세계』, 공동체, 2015.

원광대학교 마음인문학연구소,『유교의 마음공부』, 공동체, 2015.

이규호,『사람됨의 뜻』, 서울, 제일출판사, 1999.

이나가키 히사가즈, 성현창 옮김,『공공복지』, 예영커뮤니케이션, 2013.

이지성,『생각하는 인문학』, 차이, 2015.

월터 리프만, 이극찬 옮김,『公共 社會의 哲學』, 을유문화사, 1958.

장동민 이경직 최태연 김경진 공저,『개혁주의 문화철학과 문화콘텐츠』, 북코리아, 2008.

조한상,『공공성이란 무엇인가』, 책세상, 2010.

존 롤스, 황경식 옮김,『정의론』, 이학사, 2013.

최재천 외,『창의융합콘서트』, 웅진씽크빅, 2013.

츠치다 켄지로, 성현창 옮김, 『북송도학사』, 예문서원, 2006.

츠치다 켄지로, 성현창 옮김, 『유교를 아십니까』, 그물, 2013.

펑유란, 정인재 옮김, 『간명한 중국철학사』, 형설출판사, 2007.

플라톤, 강철웅 옮김, 『향연』, 이제이북스, 2010.

플라톤, 왕학수 옮김, 『소크라테스의변명 · 향연』, 신원문화사, 2007.

플라톤, 이환 옮김, 『국가』, 돋을새김, 2014.

하워드 제어, 손진 옮김, 『회복적 정의란 무엇인가?』, korea
　　Anabaptist Press, 2010.

한국철학상담치료학회 엮음, 『왜 철학상담인가?』, 학이시습, 2012.

한기언, 『교양으로서의 교육학:교육의 세기와 기초주의』, 한국학술
　　정보, 2002.

한나 아렌트, 이진우 · 태정호 옮김, 『인간의 조건』, 한길사, 2011.

한우리독서문화운동본부 교재집필연구회 엮음, 『독서교육론독서논
　　술지도론(독서지도 양성과정 기본교재 I)』, 위즈덤북, 2006.

Theodore De Bary & Tu Weiming(eds). *Confucianism and
　　Human Rights*. N.Y. Columbia Univ. Press,1998.

Wing-tsit Chan(eds). *Chu Hsi and Neo-Confucianism*.
　　Honolulu. Hawaii Univ. Press, 1986.

Wm. Theodore de Bary and John W. Chaffee(eds). *Neo-*

Confucian Education: The Formative Stage. University of
California Press, 1989.

稻垣久和, 『公共福祉という試み 福祉國家から福祉社會へ』, 中央法規,
2010.

塩野谷祐一・鈴村興太郎・後藤玲子 編, 『福祉の公共哲學』, 2009.

土田健次郎 編, 『21世紀に儒教を問う』, 早稻田大學出版部, 2011.

山脇直司, 『社會とどうかかわるか──公共哲學からのヒント』, 岩波書
店, 2010.

3. 논문

김봉진, 「공공철학의 지평」, 《철학과 현실》 74, 2007.

박영희, 「키케로의 『웅변가론』에 나타탄 교육이론 」, 《교육철학연구》
33-4, 2011.

백종현, 「한국 인문학 진흥의 한 길」, 『인문정신과 인문학』, 아카넷,
2007.

윤경숙, 「에베소서에 나나탄 하나님 나라와 기독교 윤리」, 《신앙과
학문》 17, 2012.

서명수, 「맹자의 인의와 구약의 공의사상 비교」, 《구약논단》 17,
2011.

서배식, 「孔子의 仁과 哲學的 人間學의 만남」, 《인문과학논집》 8,

1989.

성현창, 「다시 생각해 보는 朱子學」, 《儒教思想研究》 36, 2009.

성현창, 「교양교육으로서의 동양철학」, 《철학논총》 63, 2011.

성현창, 「공공철학과 교정과의 만남을 위한 시론」, 《교정담론》 6, 2012.

성현창, 「미국의 공공철학」, 《철학논총》 71, 2013.

성현창, 「교정에 있어서의 공공성」, 《교정담론》 7, 2013.

성현창, 「주희철학에서의 公共의 의미」, 《철학논총》 75, 2014.

성현창, 「朱熹의 顔回 이해」, 《철학논총》 82, 2015.

손동현, 「인문교양교육의 의미와 과제」, 《인문과학》 37, 성균관대학교 인문과학연구소, 2006.

손동현, 「교양교육의 새로운 위상과 그 강화 방책」, 《교양교육연구》 3-2, 한국교양교육학회, 2009.

송하경, 「선진유가의 윤리 사상과 현대-공자의 인본주의적 경제 윤리를 중심으로」, 『동아시아 유교문화의 새로운 지향』, 청어람미디어, 2004.

신응철, 「문학철학과 문화학」, 《철학탐구》 17, 중앙대학교 중앙철학연구소, 2005.

신창호, 「『중용』수장(首章)의 교육학적 해석: 성(性)도(道)교(敎)의 인간학적 관점」, 《教育哲學》 34, 2008.

안근조, 「구약성성 잠언에 나타난 마음교육」, 《기독교교육정보》 39, 2013.

이승환, 「동양의 학문과 인문정신」, 『인문정신과 인문학』, 아카넷, 2007.

임종진, 「朱子의 聖人觀」, 《大同哲學》 25, 2004.

임헌규, 「주자의 인개념: 「인설」을 중심으로」, 《철학연구》 86, 2003.

장원태, 「군자와 소인, 대체와 소체, 도심과 인심」, 《철학연구》 81, 2008.

조천수, 「키케로의 自然法思想」, 《安岩法學》 8, 1998.

차정석, 「'속사람'의 신학적 인간학과 대안적 인성 계발」, 《신약논단》 18, 2011.

차하순, 「전환기에서의 대학교양교육의 방향」, 《교양교육연구》 3-2, 한국교양교육학회, 2009.

최영진, 「정신과 물질에 관한 역학적 이해」, 《철학》 35, 1991.

최태연, 「서양철학에서 본 공공성」, 《공공신학》, 예영커뮤니케이션, 2009.

小路口聰, 「人に忍びざるの政とは(1)―朱熹の'仁'の思想を再考する」, 《東洋學研究》 43, 東洋大學東洋學研究所, 2006.

小林正弥, 「新公共主義の基本的展望－戰後日本政治理論の觀點から」,

『21世紀公共哲學の地平』, 東京大學出版部, 2002.

土田健次郎, 「現代における朱子學の意味」, 『21世紀の地球と人類に貢献する東洋思想』수록, 將來世代國際財團, 京都, 2001.

橋本高勝, 「從來の經權說と戴震の經權說, 『經』と『權』-原則と例外外-다음에, 『朱子學大系の組み煥え-戴震の哲學研究』수록, 啟文社, 1991.

4. 기타

『大漢和辭典』

위키백과, 프리허그,

ko.wikipedia.org/wiki/%ED%94%84%EB%A6%AC%ED%97%88%EA%B7%B8

김철중, 「앞쪽 뇌 팔팔해야 창의력 쑥쑥…꿈 · 목표 세우면 뇌도 깨어난다」, 《조선일보》, 2017년 1월 19일.

권오성, 「머릿속 컴퓨터도 못 다루는데 바깥 컴퓨터가 무슨 소용」, 사람과 디지털연구소, 2015년 1월 27일(lifeindigital.org/archives/1206).

권태호, 「컴퓨터 · 휴대폰 모르는 '실리콘 벨리 2세들」, 《한겨레》, 2011년 10월 24일.

양봉식, 「목사와 공공성」, 《기독교연합신문》, 2012.

현봉철, 「혼밥 · 혼술 · 혼행…1인 문화가 뜬다」, 《제주일보》, 2016년 10월 23일.

마이클 앱티드, 〈Extreme Measures〉, 1996.

보아스 야킨, 〈Remember the Titans〉, 2000.

스콧 히스, 〈Shine〉, 1996.

피터 워어, 〈The Truman show〉, 1998.

EBS다큐프라임, 〈서울대 A + 의 조건〉, 2015.

SBS, 〈그것이 알고 싶다: 마음이 움직이는 시간, 0.3초의 기적〉, 2007.

주인을 알아보는 사자(www.youtube.com/watch?time_continue= 2&v=cdI5KgwGlsc)